# 読む文化をハックする

## 読むことを嫌いにする国語の授業に意味があるのか？

ジェラルド・ドーソン
山元隆春・中井悠加・吉田新一郎 訳

HACKING LITERACY
GERARD DAWSON

新評論

# まえがき

私のこれまでの取り組みを知っている教育関係者の多くは、私のことを「成績の存在をなくしてしまいたがっているブロガーか宿題を嫌う教師」、もしくは単に「学びをハックする[1]奴だ」と思っています。ある程度は正しいのですが、ごく少ない人々が知っている私の姿はというと、「学校での読むこと」にもっとも情熱を注いでいる人間なのです。

もし、生徒[2]全員が本を好きになり、熱心な読書家になったら、教育において私たちが苦慮して

---

(1) ここでの「ハックする」とは、「コンピューターへの不法侵入」という意味ではなく、一般的によく使用される「ライフハック」と似たような意味で捉えています。つまり、「仕事の質や効率を上げたり、高い生産性につなげるための工夫や取り組み」であり、「巧妙に改造する」ということです。さらに言えば、「現状を当たり前のものとして受け入れずに、よくないものや満足しないものをつくり直してしまおう」とすることです。

(2) 著者は高等学校教員のため、本書に出てくるのはすべて高校生です。なかには、小学校で試すことのできるアイディアもたくさんありますが、すべて「生徒」と表記します。

いるすべての面が向上すると私は信じています。そして、生徒のテストの得点は飛躍的に伸びることでしょう。生徒は、興味のあるすべての教科領域で優秀な成果を収めるでしょう。カリキュラムと並行した活動や地域社会での活動に参加する生徒も増えるでしょうし、すべての生徒が卒業できるでしょう。さらに、貧困や犯罪もいずれはなくなり、刑務所は抜け殻のようになってしまうかもしれません。(3)

これらの大胆な信念のうちの一つでも真実であるとすれば、すべての教育者の第一目標は「読むことが好きになる気持ちを育てていくこと」になるはずです。しかし、現実には、教養のある生徒を育てようとしているはずの学校でその目標が達成できていません。それはなぜでしょうか？ 少なくとも二〇年以上クラス担任を務めてきた経験に基づく私自身の仮説ですが、その答えの一つは、学校の全体構造が読む力を妨げるようにデザインされていることです。(4)

私たちは、教育スタンダードや生徒の学力向上、振り分け機能をもつテストの点数を上げることを優先しているため、本を読んだり何かを書いたりするのが好きだという気持ちをサポートすることの大切さに気づかないままとなっています。

本書の著者であり、「教育ハッカー」であるジェラルド・ドーソン先生は、非常に多くの新任教師やベテラン教師が成し遂げられなかった一つのシンプルなアイディア（考え方）に気づきました。それは、生徒が読むことを好きにさえなれば、私たちがこれまで教えようと思って絶え間なく努力してきた何もかもが、実にスムーズに進むようになるというものです。ドーソン先生は、この考え方について単に頭で分かっているだけではなく、実際に行動に移し、活き活きとした「読む文化」を生みだす教室を構築してきました。

本書『読む文化をハックする』でドーソン先生は、この読む文化の特徴を明らかにし、どんな教師でもそれを再現することができるように、エンパワーするための、取り組みやすい方法を示してくれました。そのなかで彼は、とかくやる気のない生徒に対して毎日教えようとする教師が直面している問題を鋭く突き止め、教室における読む文化を自分なりに築いてきたほかの教師の事例や逸話も紹介しています。

ジェラルド・ドーソン先生のような教育ハッカーは、「ティンカラー」[5]であり「修理屋」なのです。すべてのハッカーがそうであるように、彼らは、ほかの人々が気づかないままの問題解決策に目を向けているのです。彼らは、逆さまにしてみたり、違ったメガネをかけて見る必要のあ

(3)　アメリカの中等学校では、高い中退率、貧困、犯罪に悩んでいます。これらが最大の課題と言えるぐらいです。
(4)　生徒の進学や将来を決定しかねない学力テストや入学試験などのことを指します。
(5)　素材を直接いじくりまわして遊ぶ人・試行錯誤を繰り返して探究する人のことを指します。『ティンカリングをはじめよう――アート、サイエンス、テクノロジーの交差点で作って遊ぶ』に、より詳しい説明とたくさんの事例が紹介されています。

る問題に取り組むスペシャリストなのです。

彼らが提案する解決策は、一見すると風変わりなものかもしれません。しかし、各章を読み進めていくと彼の目的がはっきりと分かるようになり、読者のみなさんも、教室や学校ですぐに取り入れたいと思うことでしょう。

マーク・バーンズ（教育ハッカーであり、読書愛好家）

もくじ

## ハック2
## 読む文化とカリキュラムのつながりをつくる　65

# 読む文化をハックする——読むことを嫌いにする国語の授業に意味はあるのか？

## 本の構成

「ハック・シリーズ」として出版している本は、各章を「ハック」と呼び、次のようなセクションで構成されています。

**問題**――教師が長年抱えているにもかかわらず、明確な解決策が見つかっていない課題。
**ハック**――著者の優れた改善策についての簡単な説明。
**あなたが明日にでもできること**――基本的なハックを使って、必要最小限の形ですぐに実行できる方法。
**完全実施に向けての青写真**――長期的にやり続けるための段階を踏んだシステム。
**課題を乗り越える**――あなたがこのハックを実行しようとするときに出くわすかもしれない課題や反対意見のリストと、どのようにしてその一つ一つを乗り越えていくのかというアイディア。
**ハックが実際に行われている事例**――学校のなかでこのハックを実践してきた教師もしくは教師グループの概要と、どのように彼らがそれを行ったかという事例紹介。

私は本書の発行者であり、学校教育における諸問題への見方と解決の仕方を変えてくれる「ハック・シリーズ」の執筆者の一人であることに誇りをもっています。本書を読み終わったとき、こんなにもシンプルな方法を取り入れるだけで熱心な読書家がたくさん存在する文化が築けることを、あなたは驚きとともに理解することでしょう。そして、これまで見過ごしてきたさまざまな問題への解決策が見えるようになってくるはずです。

最終的には、きっとあなたも「教育ハッカー」になっていることでしょう。言うまでもなく、それは実によいことです。

マーク・バーンズ（ハック・シリーズの発行者兼編集者）

# はじめに

**もし、あなたが、**
**自分がすでにしてきたことをやり続けるとしたら、**
**同じ結果を得ることが約束されている。**

(ジェシー・ポター)*

(*) (Jessie Potter) イリノイ州オークローンの「人間関係研究所 (National Institute for Human Relationships)」の創設者であり所長です。主に1980年代に、人間の性、結婚、人間関係、コミュニケーションについて研究を行った教育者であり、カウンセラーでもあります。

読む文化が中心に据えられた教室を想像してみましょう。そのような環境では、読むことはただの評価の対象ではなく、ほめ称えられるものとして捉えられています。成績に焦点を当てることをやめて学ぶ姿勢を称えるようにすれば、生徒は読む生活を自分のものとして捉えるようになります。そして、生涯にわたって読書家であり続けるための習慣が養われていきます。

読む文化を促進してくれる教師に教えられる生徒は、自分から進んで読もうとします。彼らは、机を離れて床の心地よい場所に寝転んで本にのめり込んだりすることで、心理的に日常の身近な環境から離れたりします。

生徒たちは、読むという素晴らしい経験が自らに恩恵をもたらしてくれることを知っていますので、さまざまな手段を使って新しい本を探しだします。そして、自分のお気に入りの本や嫌いな本について話をし、友だちに「おすすめ本」を紹介したり、インターネットで「おすすめ本」のリストを探しだしてそれを参照し、それらを自分の「読みたい本」のリストに追加していきます。

本を読み終わったすべての生徒は、教師とその本について話し合ったり、クラス全体に向けて感想などを話したりします。ほかの生徒は、次に読む素晴らしい本を見つけたいと思いながらそれに耳を傾けます。すべての生徒が読む目標を自ら設定し、自分の読んだ本に関する記録をつけ、そして読むことについて、自分にとって意味のある方法で書き記していきます。

教師のなかには、「読む文化をつくりだすなどということは時間の無駄だ」と反対する人がいることでしょう。何と言っても、教師には英語（日本では国語）およびその他の教科のカリキュラムに従うことが求められていますから。こうした反対意見への答えとして、一つ問いかけてみたいと思います。

**読むことを嫌いにしてしまうようなら、クラス全体で教科書や英語（国語）の勉強をすることに果たして意味があるのでしょうか？**

私たち教師が、教科書をどこまでカバーしたかということにばかり注意を払って、書かれてある文章に対する反応をふまえず、教室での話し合いやインターネットから集めた事実や考えだけをコピーするといった能力ばかりを評価していると、それだけで、あたかも生徒が読むことにのめり込んでいるかのように錯覚してしまいます。あまりにも多くの生徒が、最初から最後まで本を読む経験を一度もすることなく、小学校、中学校、高校を卒業してしまっているのです。

私は生徒と一緒に、「読むことが当たり前の文化」(1)をつくろうとしています。教育におけるい

(1) 皮肉なことに、学校以外の世界では読むことは当たり前の行為となっています。反対に、読むことがもっとも盛んに行われるべき場所であるはずの学校では、読むことが当たり前になっていません。

くつかの明確な道しるべ（たとえば、一つの課程を修了すること、新しい職場で雇用されること、生徒が次の学年に進学するのを支援することなど）とは違って、この目標には確固とした終着点があるわけではありません。したがって、その過程こそが目的となるのです。一貫して読む文化をつくろうとしている教師は、教養のある市民としての豊かな生活へ生徒を引き込むための考え方やシステム、そして習慣をつくりだしていきます。

本書は、「読むことが当たり前の文化」にするための取り組みを、正確に実施することを目的とした体系的なプロセスを説明しているわけではありません。その代わりに、英語（国語）教師たちが共通してもっているもっとも大きな悩みを解決するために工夫された実践を紹介していきます。つまり、生徒がたくさん、しかも上手に読むように刺激を与えるためにはどうすればよいのかという問題について説明していくということです。

また、ほかの人がもっていない経験や知識を自分はもっているなどと主張する本ではありません。もちろん、英語（国語）とジャーナリズムの教師として五年目を迎える高校教師である私について書かれているわけでもありません。本書は、これまで私が経験してきたすべての会話や専門書、研修会などでの発表、そして教室での実体験から、すぐに使用することができるものを抽出して「五つのハック」としてまとめたものです。

本書に収められたアイディアは「ハック」と呼ばれていますので、あなたはこれらのハック（改良）を「**たやすい**改良」だと思うかもしれませんが、どちらかと言えば「**シンプルな**改良」という表現のほうがより正確となります。

読む文化を構築することは決して簡単ではありません。時間もかかるし、根気もいるし、効果的な方法を一貫して使うことも求められます。ただ、幸運なことに、私が発見したもっとも効果的な方法は、あまり面倒な仕組みを必要としないシンプルなものだったのです。

私が紹介する「五つのハック」は、生徒の読む力に関して、生徒中心の視点から考えようとするものです。これらのハックは、読むことに価値を置く文化においては、生徒が熱心で積極的なメンバーでさえあれば、個々人がより良い読書家になるという考え方に基づいたものです。

読む文化を育てるためには、生徒の読む力を育て、それを磨きあげるためのよい実践を探しだしたり、前に進むとき、状況にあわせてそれらの実践を調整したり、改善したりする方法をたゆまず探し続ける必要があります。

『*Power and Portfolios : Best Practices for High School Classrooms*（力とポートフォリオ——高校の授業を最善にするための方法）』（未邦訳）という本のなかで、私のメンター(2)であるジム・マホーニー（Jim Mahoney）は、「学校は、すべてが権力の問題でできている」と述べています。

---

（2）「師匠」という表現がいいでしょう。「よき先輩」ないし「よきアドバイザー」というニュアンスです。

権力をもっているのは誰か、誰が権力を求めているのか、そして権力を手にした人々は何をしようとしているのか、などということです。

マホーニーの見解によって、健全な教室文化を育てるために必要とされる重要な態度の変化に光が当てられます。私たちは、権力を得ようとする暗黙の闘いが教室で起こっているという現実を暴かなければなりません。

通常、それは教師が実施しようとする（もしくはできる）変化の範囲を制限してしまうものです。読む文化を構築するためには、「権力を生徒に譲る」というリスクを負うことになります。(3) つまり、生徒が自分自身の学びを管理し、自分自身の成長を自ら測るように(4)エンパワー(5)することを意味します。教師が厳重に管理することをやめ、読む文化を生徒と一緒に築いていこうとしたときに初めて、教室のエネルギーは変貌を遂げるのです。

本書に掲げられたハックは、次のような実践を葬り去る勇気を教師に授けてくれることになるでしょう。

・選択式の小テストや読みの理解度チェック(6)、宿題に成績をつけることなどに頼って生徒を読みに向かわせる。
・古典文学作品の「本当の（正解とされる）意味」について生徒に講義する。

・スパーク・ノートやクラスメイトの考えに基づいて書くことのできる作文課題やスピーチ課題を課す。(7)

また、各章の最後に記した「ハックが実際に行われている事例」で素晴らしい教師たちを紹介しますが、それを読むと、きっとあなたは次のようなことをしたいと思うでしょう。

・「生徒が読みたい！」と思うような環境をつくる。

---

(3) 授業の主役であり、学びの主権者は教師ではなく生徒であるということです。日本において、どれほどの教師がそれを自覚して授業を行っているでしょうか。

(4) ここでは、自己評価の大切さを主張しています。そのなかには、単に測るだけでなく、それに基づいて修正・改善する部分も含まれます。

(5) エンパワーは、通常「力を与える」や「権限を委譲する」と訳されることが多いですが、「人間のもつ本来の能力を最大限にまで引きだす」という意味です。

(6) 授業で読んできた本や文章について、どれくらい理解しているかをチェックするものです。

(7) (Spark Notes) 元々は、文学、詩、歴史、映画、そして哲学のための研究ガイドを提供したハーバード大学の学生たちによって一九九九年にはじめられた会社です。今は、すべての教科の学習ガイドを提供しています。注(6) の小テストや理解度チェック、期末試験などでよい点が取れるように導くガイドです。

・あなた自身の読む生活を生徒と共有する。
・読むことについて、真の意味で書いたり話したりすることを促す。
・授業のなかで生徒が持続的に読む時間を確保する。

コンピューターのハッカーは、従来の考え方にとらわれている人たちには見えない複雑な問題に対して、シンプルかつ素晴らしい解決策を見つけます。『読む文化をハックする』と題した本書において、あなたの考え方と英語（国語）の教室を変化させる、五つのシンプルなハックを提供することを私はお約束します。

# 読書家に焦点を当てる

**人間の行動に影響を及ぼす方法は二つしかない。**
**操作する（マニュピュレイト）か、**
**鼓舞する（インスパイア）か、だ。**

（サイモン・シネック）*

（＊）（Simon Sinek）リーダーや企業、非営利組織に対して「人々をインスパイアする方法」を伝授してきたコンサルタントであり、作家、TED スピーカー。これまでアメリカのさまざまな機関に「WHY の力」を伝授してきました。掲載した文章は、『WHY から始めよ！　インスパイア型リーダーはここが違う』の21ページから引用しました。なお、TED（Technology Entertainment Design）とは、「広がる価値のあるアイディア」というスローガンのもと、オンラインで無料配布のための講演を投稿するメディア組織のことです。

## 問題――読む文化をつくることは難しすぎる

大きな変化に直面すると人は、すべてを変化させるべきか、何も変えるべきではないか、という二つの方法しかないと思い込んでしまうものです。学校のなかでも読む文化をつくりだそうと思っている教師も、次に挙げる二つのいずれかの考えを選ぶことでしょう。

・私の生徒は、明日になればもっと深い読みに没頭することになるだろう。
・読む文化は、この生徒にとって一切役に立たないだろう。

このような二分法的な思考が、前進することを妨げます。克服しなければならないさまざまな障がいがあるでしょうが、どんな生徒にも読む文化に参加する権利はあるのです。

仮に、教師だけで読む授業の革命を起こそうとしても、目標が遠大すぎて第一歩を踏みだすことはなかなかできないでしょう。また、未知の世界に飛び込むよりも、十分に計画を立て、教育書を読み、ほかの教師からツイッターなどで正確な情報を入手さえすれば自分の読む授業を変える準備は整ったと考える教師もいることでしょう。でも、それは違います！

教室の文化は、よそから移植したり、外部から押しつけたりするものではなく、教室の参加者によって少しずつつくっていくものなのです。その行為は、まるでレンガを一つ一つ積みあげて家を造るようなものです。読書家の生徒[1]であふれる教室は、一人ひとりの生徒によって、一回一回の会話によって、一冊一冊の本によって、それらを積み重ねていくことでつくりあげていくものなのです。

## ハック——読書家に焦点を当てる

読む文化は、読書家としての生徒のアイデンティティーのなかに見いだせるものです。それゆえ教師は、生徒が読書家としての自己イメージが形成できるように、根気強くガイドしていかな

(1)　原語は「student reader」となっています。この呼び方は、リーディング・ワークショップやライティング・ワークショップで、生徒に「読書家のみなさん」とか「作家のみなさん」と言うように、生徒を読書家や作家（算数・数学では数学者、理科では科学者、社会科では市民や歴史家）として遇するところから生まれた用語です。日本語としては、「生徒という読書家」、「生徒の読書家」、「生徒読書家」などいくつか考えられましたが、ここでは「読書家の生徒」としました。

## 訳者コラム● 翻訳協力者から届いた「国語の授業」と「朝の読書」についてのコメント

「体育の授業ならば、本文に書かれているように段階的に生徒の力を伸ばすことは当たり前のことです。逆上がりができない子どもを前にしたとき、どこで躓いていて何ができていないのか、どんな練習をすればできるようになるのかなど、一人ひとりにあったサポートをしているはずです。それが国語となると、いきなり教師のレベルまで追いつくことを要求しているように思えます」（Y・Mさん）

「このサポートの有無が、日本の朝の読書と大きく違う点です。朝の読書は、教師も一緒に読むことを推奨し、読みながら生徒の様子をうかがうことも求めていますが、どうしても生活指導・生徒指導の一環として、朝の静かな時間を確保することに重きが置かれているように思います。一方、リーディング・ワークショップは、これを通して生徒の読むことをサポートするという点に重点が置かれています。やはり、朝の読書は生活指導であり、リーディング・ワークショップは国語の教育活動なのだと思います」（Y・Mさん）

ければなりません。まず行うべきことは、生徒の自己認識や読むことについての姿勢について学び、読む習慣や行動をどのように身につければよいのかについてモデルで示し、生徒が自分にぴったりあった本を選べるように時間をかけて見極めることです。

もし、「ひたすら読む時間」(2)がまだ定着していないのなら、慌てて導入して、長い時間読むようにと強制してはいけません。まず彼らに必要なのは、自分にあった本を選んで、教室で読むことができるだけのスタミナを徐々につけていくことです。このようになれるための時間をとることは「時間の浪費だ」と思われるかもしれませんが、読むことに焦点を当てる前に、まずは読書家を育てなければならないということを忘れてはいけません。

生徒が読みたい本を見つけたなら、読むための短い時間を毎日与えるといった形(3)で彼らをサポートしましょう。教師の話す時間は極力短くして、五分から一〇分ぐらいにします。そうすれば、すでに読む準備ができている生徒の読書欲が刺激されますし、読まない生徒がイライラしたり、意欲をなくしたり、ほかの生徒の邪魔をしたりする前に、どの生徒がそれに当たるのかについて把握することもできます。

---

(2)　ある一定の時間、生徒たちが自分の選んだ本を集中して読むための時間のことです。元来は「静かに持続的に読む」ことを指しています。日本の「朝の読書」の時間はこの実践から来ているとされていますが、中高生なら最低でも二〇～三〇分は必要です。欧米では、リーディング・ワークショップや日本の国語の授業のようななかで、この「ひたすら読む時間」を取るというのが普通になっています。日本で初めて朝の読書の時間が生まれた実践についてまとめられた本が『朝の読書が奇跡を生んだ』です。その本のなかで実践者は、生徒の学習や生活の改善を目指し、生徒が自主的に本を読む方法を模索していたときに出合ったのが、アメリカの「静かに持続的に読む」実践を紹介したジム・トレリースの『読み聞かせ――この素晴らしい世界』だと書いています。

(3)　ここは、ミニ・レッスンのなかで教師が話す時間を指していると思われます。通常、リーディング・ワークショップの最初に行われています。リーディング・ワークショップに興味をもたれた方は、https://sites.google.com/site/writingworkshopjp/teachers/osusume　のなかから「面白そう！」と思えたタイトルに当たってください。ミニ・レッスンについては、三九ページの注(16)で詳しく説明しています。

また、興味のある本を見つけたり、教室に読む文化をつくることがなぜ自分のためになるのかについて理解するときにサポートを必要とする生徒もいることでしょう。読むルーティンがつくられ、生徒が本に没頭していると感じたなら、手綱《たづな》を緩めて、読むための自由と時間をより多く生徒に与えるとよいでしょう。

## あなたが明日にでもできること

日々の様子における生徒の読む文化について学んだり、どのようにして読書家になるのかについて教師がモデルで示すときには、以下に示した五つのなかからいくつかのことを選んでやってみるとよいでしょう。

### どこで本を見つければよいかについて生徒に示す

生徒を学校図書館に連れていって、そのレイアウトを説明します。これを私は、毎年度の最初、学校司書とともに行っています。ほとんどの生徒は、学校図書館にどのような本が置かれているのかについて知りません。興味をもっていることに関して書かれている本がどこにあるのかについて生徒に見せるわけですが、そのなかにはグラフィックノベルのような新しい本も含まれています。また、生徒のお気に入りのスポーツ選手や有名人についての本なら「ここにあるよ」と言って教えています。

続いて、本の展示について説明します。図書館の開館時間や方針についてしっかりと知らせます。そして、可能なら、最初に学校図書館を訪問したときに本が借りだせる時間を設定します。このような機会を提供すれば、年度初めに行ったたった一度の学校図書館訪問が年間を通して役に立つはずです。(4)

## 読書家としての自分と読み方を生徒に紹介する

あなたが現在読んでいる本を持ってきて生徒に示し、その本について話をします。もし、「グッドリーズ（Goodreads）」のページをもっているなら、そのアカウントを生徒に教えて、「MyBooks（私の本）」のセクションであなたの「Want to Read（読みたい本のリスト）」と「Read（すでに読んだ本のリスト）」を表示して、読書家としてのあなたの好みを説明するのです。

---

(4)　学校図書館の効果的な役立て方や活性化策について関心のある方は、『学校図書館をハックする』を参照してください。

## 訳者コラム ● グラフィックノベル

文学的なコミックスのことを指しています。『戦争はいかに「マンガ」を変えるか』によれば、1978年に出版されたウィル・アイズナー（Will Eisner, 1917～2005）の作品集で「リアルな普通の人間たちの日常のドラマを文学的に描いた」と記されたことに由来しますが、「グラフィックノベル」がたくさん書かれはじめたのは1990年代の後半からです。アート・スピーゲルマンの『マウスⅠ・Ⅱ』（小野耕世訳、晶文社）、ショーン・タンの『アライバル』（河出書房新社）、マルジャン・サトラピの『ペルセポリスⅠ・Ⅱ』（園田恵子訳、パジリコ）などのグラフィックノベルは、アメリカの教育現場では学習材として使われています。

なお、『カムイ外伝』（白土三平）や『NARUTO』（岸本斉史）などのマンガ作品もグラフィックノベルとして翻訳されていますが、訳者の一人である山元が2013年3月に訪問したミネソタ州ミネアポリス市の書店では、「マンガ」と「グラフィックノベル」がそれぞれ別のプレートで分類されていました。

リテラシー教育における位置づけについては、山元が著した『読者反応を核とした「読解力」育成の足場づくり』（溪水社）の163～200ページを参照してください。

## 訳者コラム● グッドリーズを活用しよう

グッドリーズ（たくさんのいい本）とは、書籍情報や注釈、批評が閲覧できるウェブサイト、および同サイトを運営する企業のことです。アカウントを作成することで、個人用ページに図書目録や読書リストをつくったり、公開ページとして推薦図書や議論のグループをつくったりすることができます。ほかのユーザーから送られてくる「友だち申請」を承認すると、そのユーザーの本棚や感想を見たり、コメントをすることもできます。また、新刊情報や推薦図書、著者のインタビューや詩などについてのメールマガジンの講読も可能です。

日本では、「読書メーター」（https://bookmeter.com/）や「読書ログ」（http://www.dokusho-log.com/）、「ブクログ」（https://booklog.jp）などのサイトで同じようなことが無料でできます。

読み方の紹介として、ジョン・スタインベックの『怒りの葡萄』（伏見威蕃訳、新潮文庫）を読んでいるなら、スタインベックの声（主張）が聞こえてくる第11章を読み聞かせたり、そもそも『怒りの葡萄』を読むきっかけになったのは、この本がアメリカを一番よく表している小説だとはっきり書いた『ゲド戦記』の作者アーシュラ・ル＝グウィンのエッセイ『暇なんかないわ　大切なことを考えるのに忙しくて』（谷垣暁美訳、河出書房新社）を読んだのがきっかけであることを話して、ル＝グウィンの小説を紹介したり、彼女の友人がスタインベックの姪だったので、実際に二人の作家は言葉を交わしたことがあったかもしれないことなどを話したりします。

あなた自身の読むことに関するアイデンティティーを紹介することで、クラスの読む文化をリードすることになるあなたの信頼性が高まります。

## 「読むこと」についてのアンケートをとる

生徒に白紙を手わたして、「『読む』という言葉を聞いたとき、あなたの頭の中に浮かんだのはどんなことですか?」と尋ねます。

まず、あなた自身がどのように考えているのかについて説明をしましょう。そのあとに、生徒が白紙に書いたことを一人ずつ答えてもらうわけですが、生徒の回答が進むに従って、とても価値のある発見がもたらされるでしょう。

少し時間の余裕があるようなら、生徒が読書家としての自分をどのように捉えているのか、読むことに関して、彼らが家庭[5]でどのようなサポートを受けたり、逆に読む気を失ったりしているのか、そして自らの読むレベルについてどのように思っているのかなどについて質問をしてもいいでしょう。

もし、時間がなければ、本章の「ハックが実際に行われている事例」(五七ページ)で紹介しているジョリー・クルーダー先生の実践を参考にしてください。そこには、どのように「読むこと」について調べ、その情報をどのように活かして読書家を育てる教室をつくっているのか、また読むことに関して生徒の意欲をどのように高めているのかについて書かれています。

## 「読みたい本」のリストをつくる

　これまであまり本を読んでこなかった生徒の場合、楽しめそうな本をたまたま見つけて実際に読み終えたとしても、次に読む本のリストを持っていないためにまた読まなくなってしまうという状況になりがちです。対照的に、よく本を読む生徒は、今読んでいる本を読み終えるずいぶん前から次に読むべき本を決めているものです。

「読みたい本」のリストをつくって、読む意欲を継続させましょう。その際、自分のリストを置く場所を決めておくようにするのです。ノートの白紙ページを開いたり、グーグル・ドキュメン

（５）　一般的にアメリカでは、ファウンタスとピネル（Fountas & Pinnell）によって提案された、ＡからＺまでにレベル分けされた「ガイド読みレベル（Guided Reading Level）」が読むことの学習に使われています。ＡからＤは幼稚園、ＥからＪは一年生、ＫからＭが二年生、ＮからＰが三年生、ＱからＳが四年生、ＴからＶが五年生、ＷからＹが六年生、Ｚは七年生から一二年生、Ｚ＋が高校生・成人という目安となっており、加速度リーダー（Accelerated Reader・一三二ページを参照してください）というコンピューターテストの結果を使用して、一人ひとりにあったレベルを教師が判断していきます。「ガイド読みレベル」が初めて紹介されたのは一九九六年ですが、最新版については、『*The Fountas & Pinnell Literacy Continuum*（ファウンタスとピネルのリテラシー連続体）』（未邦訳）という本を参照してください。

ト(6)の新しいページを開き、ディジタルメモ(7)を使いましょう。そして、「これから読みたい本のタイトルをそこに書き留めるように」と生徒に言うのです。

もし、あなたの指示に対する生徒の反応が思わしくないものであっても悩む必要はありません。本章のこのあとには、本について生徒の興味関心を喚起するアイディアがあふれるほど書かれているからです。

## クラスでの読書記録をつくる

初日から、誰がじっくりと読んでいて誰がそうでないか、どんな本を読んでいるのか、いつ読み終わったのかということについて、さらに生徒が特定の本を選ぶ理由までを観察して記録をとりはじめるといいでしょう。ナンシー・アトウェルやペニー・キトゥル(8)をはじめとする多くの素晴らしい読み書きに関する教育者が、数種類の読む活動の記録を使って、生徒の読む活動の軌跡をチャートやスプレッドシート(9)に書き記すことをすすめています。生徒全員にクラスの状態が分かるようにあなたがまとめて記録してもいいですし、生徒が自分で書き込んでもよいでしょう。

当然のことながら、誰が記録するかによってコメントは違ったものになります。この記録のなかには、たとえば次のようなことを記入していきます。

・本のタイトル

・ジャンル
・読んでいるページ
・現在の状況についての短いコメント（たとえば、「シリーズ二作目です」、「興味を失いかけているかも」、「家でたくさん読んでいます」などです）
・教室の図書コーナーの本か、学校図書館の本か、それとも自分の本か

紙を使うか、もしくはスマホかタブレット、パソコンを使う場合は新しいスプレッドシートを

---

（6）グーグル社によるオンライン文書作成サービスです。グーグルのアカウントを取得していれば無料で使用することができます。本書では主にグーグル社のオンライン・サービスが紹介されていますが、似たようなサービスは、マイクロソフト社やアップル社などからも提供されています。
（7）ウインドウズやアンドロイドのスマートフォンには「メモ帳」、アップル製の端末では「メモ」という簡単なメモ帳アプリが最初から入っています。
（8）アトウェル（Nancie Atwell）は『イン・ザ・ミドル』の著者で、キトゥル（Penny Kittle）は『*Book Love*（本が大好き）』（未邦訳）の著者です。両者とも、ライティング・ワークショップの創始者であるドナルド・グレイヴスに師事していました。
（9）マイクロソフト社のエクセルやグーグル社のグーグル・スプレッドシートのような、表計算シートのことです。翻訳協力者から、「スプレッドシートは一覧性が高いことからよく使っている」というコメントがありました。少しずつですが、日本の教育現場でも広まっているツールであることが分かります。

開いてください。スプレッドシートを使うなら、一番左端の欄に生徒の名前を記入し、ページの一番上に、次回のための日付を書いておきましょう。

紙でこうした記録をつける場合は週ごとに一枚の紙を使い、コメントを書くための場所を用意しておきましょう。このようにしてつくられた記録が、生徒の読む習慣と読みについてのカンファランス[10]において役立ちます。つまり、観察記録の足跡を辿ることがこの記録によってできるということです[11]。私自身は、生徒全員の過去のデータを見ることができるというメリットがあるのでスプレッドシートを愛用しています。

## 生徒のストーリー

記録することを何週間も続けると、生徒が読むことについて考える宝物となります。生徒の活動や成長を把握しておくことで、それまでは気づかなかったかもしれない傾向やパターンを知ることができるほか、それ以後、長い期間にわたって読むことに対して影響を与える可能性があるからです。

今年度の初め、私はニフェリンという生徒に注目しました。彼女はジョン・グリーンの『ウィル・グレイソン、ウィル・グレイソン』[12]を夢中で読んでいたのですが、時々、この本を持ってくるのを忘れてしまうのです。読む活動の記録を見ると、その週については『ウィル・グレイソン、ウィル・グレイソン』と書かれたあとの何日間かは、ずっと別の本のタイトルが書かれていました。そこで私は、「自分のスマホのリマインダー機能を使って、注意を払えるようにしておいたらどう？　そうすれば、自分の本を鞄に入れ忘れることがなくなるよ」とニフェリンに提案してみました。

ニフェリンはスマートフォンを肌身離さず持っているので、この解決策によって毎日同じ本が読めるようになりました。もし、読む活動の記録がなければ、彼女の登校準備が徹底されていなかったために読み方が一貫していないということに私が気づくことはなかったでしょう。(13)

---

(10)　四九～五〇ページを参照ください。

(11)　用紙に書き込まれた実物を見たい方は、『イン・ザ・ミドル』の八七～九二ページをご覧ください。

(12)　ジョン・グリーンの作品は、このほかにも『ペーパータウン』、『アラスカを追いかけて』、『さよならを待つふたりのために』（すべて岩波書店）などが翻訳されています。いずれの本でも、思春期から青年期の登場人物の葛藤が描かれています。

(13)　スマートフォンが学習の道具として認められていることが分かります。日本では、まだ浸透していない文化の一つだと言えます。むやみに禁止するだけではなく、こうした活用方法も含めて、生徒が所持することの有効性と課題を整理していくことが必要かもしれません。

## 完全実施に向けての青写真

### ステップ1　ブックトークや読み聞かせをする

ブックトークとは、教師か生徒が教室の前に出て行う「本のセールストーク」のようなものです。あなたの好きな本のなかから二、三冊を選んで持ってきたり、学校司書から今人気のある本を紹介してもらったりして、同じく二、三冊を借りだすといいでしょう。そして、本のタイトルや著者、ジャンル、読みやすさのレベル[14]、さらに生徒の興味を惹きそうな箇所について話をします。

最初の一、二ページを読み聞かせてもいいでしょう。そして最後に、「この本に興味をもてた？もし、気に入ったら、あなたの『読みたい本』のリストに追加してください。もう一度言うよ。タイトルは（　　　）で、著者は（　　　）です。この本は（　　　）にあります」と言います。

毎年ですが、私は年度初めには毎日ブックトークをして、その後、徐々にですが、生徒がお互いにブックトークをするように仕向けていきます。生徒同士のブックトークについては、一一三ページからの「ハック4」を参照してください。

## ステップ2　ブックパス(15)で選書する

生徒が教室に入るときに、一番から五番までの本を机の上に一冊ずつ載せておきます。そして、本の選び方についてのミニ・レッスン(16)を行います。

この選書スキルは、私たちが生涯にわたって読み続ける読書家を育てようとするときに見逃してしまいやすいことです。経験豊富な読書家の場合は、興味をもてる本かどうかという判断方法を習得しています。一方、積極的に本を読んでいなかったり、読む経験が浅い人はそのような判断ができません(17)。そうした人たちは、カバーを見るだけで読み進めたり、手当たり次第に本を選んで、それがよい本であることを期待しています。

---

(14)　三三ページの注(5)を参照ください。

(15)　ブックパスは、『「読む力」はこうしてつける』の一九五～一九六ページで紹介している「みんなで楽しく本選び」と同じ活動です。

(16)　五分から長くても一〇分を超えない程度の教師による講義です。これが生まれた背景には、国語の時間は生徒が読んだり、書いたりする時間をたくさんとる必要があることと、一〇分以上教師が頑張って教え続けても、どうせ生徒には届かないという現実がありました。

(17)　日本も同じで、よい（と教師側が思う）本の紹介を教師がするものの、生徒自身が自分にあった本を選ぶ方法について教えたり訓練したりすることは見逃されています。

経験豊富な読書家が一冊の本の魅力をしっかりと捉えるために踏んでいるステップを、分かりやすい形で説明する必要のある生徒もいるのです。表紙の折り返しや背表紙を見れば、本文からの引用や要約、または批評が見つけられることを彼らに示しましょう。

新聞やテレビなどの広告に書かれていたり、その本の背表紙や帯に書かれている推薦文（ほかの作家が書いたもの）や広告文を読みあげます。最初のページをどのように読むかとか、知らない言葉の数をどのように数えるのかとか[18]、場面設定やプロットなど、文章の複雑さを見極めるための方法や本についての知識を使って、その本の難しさをどのように判断するのかについて教えましょう。

経験豊富な読書家であれば、本の内容だけでなく造本の仕方に関しても注意を払っています。文字が大きいか小さいか？　それぞれのページに空白部分はどれぐらいあるのか？　紙の手触りはどうか？　段落はどれぐらいの長さか？　これらのほか、書かれている文章の語感から受ける印象が「読みの経験」を左右するものとなっています。

ブックパスで選書をするためには、メモのとり方を生徒に教える必要があります。私も含めて教師というものはやり過ぎてしまう傾向がありますから、シンプルなほうがいいでしょう。タイトルを書き、本を評価して、短いコメントをするだけで十分です。評価の方法は生徒に任せましょう。たとえば、数字や星印、または笑顔や悲しい顔の絵といったものをシンボルとして使うことができます。

机の上に置かれている何冊かの本を試し読みして、メモをとるための時間を生徒に与えます。時間が来たら「パス」と言って、右側にいる人に自分の持っていた本をわたします。すべての本の試し読みが終わるか、生徒が飽きてしまうまでそれを繰り返します。夢中になれて結構面白いのですが、頭のエネルギーをかなり使うことになります。生徒が部屋を歩き回って、読みたいと思える本が見つけられるように十分な時間をとりましょう。その場合には、次に挙げる方法のどれかを使ってみてください。

- 自分の「読みたい本リスト」に、興味をもった本のタイトルを書き加える。
- 自分の選んだ本を「一人で考え－ペアで共有－全体に紹介（think-pair-share）」で紹介する。自分が選んだ本についてメモを書き留め、メモした考えをパートナーと共有し、それから自分のパートナーが選択した本をクラスで発表する。[19]
- 「読みたい本リスト」に加えた冊数を指の数で示す。
- 自分の選んだ本を二～三分間読みはじめ、楽しむ。

---

(18)　これは欧米圏独特の方法で、読めるか否かを判断する際に一番よく使われている指標です。

(19)　たとえば、「読みたいと思った理由」、「実際に読んだところまでの本の感想」、「きっとこんな本だろうという推測」などを書き留めることが考えられます。

## ステップ3　デジタル環境を使った「読みたい本探し」

デジタル環境を使った「読みたい本探し（Digital scavenger hunt）」の目的は、どのようにしてオンラインで本を見つけたり、読んだりすればいいかを示すことです。こうすれば「読みたい本」のリストを増やすことができますし、スマホやタブレットさえあればいつでも本を見つけることができると思ってくれるでしょう。

そもそもこの活動は、次に示すような手順に従って取り組めば、「読みたい本探し」として間違いなくうまくいきます。生徒はスクリーンショットなどを使いながら「読みたい本探し」で得られた成果を持ち帰って、課題を解決したことを自分で示します。

一般的に、「読みたい本探し」の課題は次のようなものとなっています。

**Bookmeter.com（読書メーター）にアクセスする**[20]

①「読書メーター」のアカウントを取得する。[21]

②クラスの読書メーター「コミュニティー」に加わる（自分の選書について友だちとやり取りがしやすいようにするためですが、強制するものではありません）。

③自分の「本棚」の、「読んだ本」、「読んでいる本」、「積読本」、「読みたい本」などの欄に

本を加える。

④面白かった本について短いレビューを書く。

⑤教師や学校司書、友だちのアカウントを見つける（「読書メーター」では個人情報が分からないようにしてありますので、個人情報が分かってしまうフェイスブックなどと違って、生徒同士でこうした活動をしやすいと感じる教師は多いです）。

---

**「オンライン高校生新聞」の「高校生・中学生にオススメの本まとめ」のように、自分にとって魅力のある本の推薦リストを探す**[22]

①そのリストをざっと読む。

②面白そうな本を二、三冊選ぶ。

---

(20) 原文では「グッドリーズ（Goodreads.com）」についての具体的な紹介がなされていましたが、ここでは日本語で同じような機能が使える「読書メーター」を使うことを想定した紹介にしました。「グッドリーズ」や類似する他の日本語サービスについては、三一ページのコラムを参照してください。

(21) 「読書メーター」のサイトにおいて、クラスのメンバーでつくるグループのことです。

(22) https://www.koukouseishinbun.jp/category/osusume　各地にある高校の図書委員会からの記事が掲載されています。

**Amazon.co.jp（アマゾン）を開く**

①自分の読みたい本を探しだして、「試し読み」(23)を使って本の内容を確かめる。
②「よく一緒に購入されている商品」の欄を見て、おすすめの関連本に関する情報を得る。(24)

**学校図書館蔵書検索システムにサインインする**(25)

①自分の読みたい本を探す。
②その本がすでに借りだされているか、それとも貸出可能かを見極める。

**Feedly.com に行く**

①アカウントを取得する。
②興味のあるテーマをクリックする（このサイトは、生徒に多くの情報や意見を提供してくれます。ゲームやスポーツやファッションなどです）。
③同じテーマで、個人のサイトやブログを探す。
④自分のフィードに、好きなだけのサイトやブログを登録する。
⑤Feedly（**コラム**参照）に表示される記事の概要にアクセスし、ざっと読んで内容を確かめ、それが掲載されている元のサイトに行く。

## コラム● Feedly

Feedlyとは、オンラインのRSS（really simple syndication）リーダーの一つです。新しいウェブサイトやブログが更新されたとき、RSSリーダーは自動的に更新された記事をそのユーザーのRSSフィードに掲載します。Feedlyのアカウントを取得して、興味のあるトピックやサイトを選ぶことで、生徒は自分だけのノンフィクション読み物のリストをつくりだすことになります。

Feedlyにログインするたびに、彼らのフィード（コンテンツ）には、すでに選んだすべてのトピックに関連する最新記事が加わっていることになります。

それぞれの課題を解決した証拠を示すために、生徒はこうした活動についてのスクリーンショットを教師に見せることになります。

（23）日本のアマゾンでは、生徒向けの書籍や児童書、絵本などの試し読みはあまり充実していません。honto（https://honto.jp）、角川書店Book★Walker（https://bookwalker.jp/st3/）、紀伊國屋書店Kinoppy（https://k-kinoppy.jp）、絵本ナビ（https://www.ehonnavi.net）などの電子書籍ストアでは多くの本を手軽に試し読みすることができます。

（24）これについても、カスタマーレビューにしても、鵜呑みにせずにかなり注意して読むようにしてください。「自分にとって価値のある本」が、他人にとってもそうであるとはかぎらないということを生徒としっかり共有しておく必要があります。

（25）学校図書館はまだディジタル化が進んでいないかもしれませんが、公立図書館ではほとんどがデジタル化されています。

たとえば、「読書メーター」のプロフィールをつくって、本棚に本を加えているときに生徒はオンラインの本棚のスクリーンショットを撮り、それをグーグル・ドキュメントに挙げます。生徒が「読みたい本探し」のすべての課題を終え、それぞれのスクリーンショットを撮り、見つけたおすすめの本をもとに「読書メーター」の「読みたい本リスト」に新しい本を何冊か加えたら、やることは終了です。

私は、こうしたデジタルツールの使い方をモデルで示すことで、一年を通じて学習を強化しています。授業の初めに、アマゾンなどの電子書籍サービスか(26)「読書メーター」を開いて、自分が今読み進めている本を生徒に見せます。そして、読み終えたら、生徒の前で「読書メーター」に短いレビューを書いています。

生徒がブックトークをしてくれるなら、その生徒が紹介してくれる本をアマゾンで探しだし、「試し読み」機能を使って生徒か自分がその最初のページのどこかを選んで読み聞かせます。このようにすれば、こうしたツールを使って納得する本を選ぶことができるということが分かります。時には、「ひたすら読む時間」に生徒の Feedly アカウントにログインさせて、自分の選択した話題やテーマについて、「最新のノンフィクションを探して読むように」と言ってもいいでしょう。

## ステップ4　ルーティンをつくって、それを頑張って続ける

読書家としての生徒のアイデンティティーを十分に育てたら、今度は本や文章を読む時間をそれぞれのクラスではじめましょう。いろいろな指導がこのルーティンの手助けになります。

・スマホのリマインダー・アプリやグーグル・カレンダーのようなサービス機能を使う。そうすれば、自分の本を忘れないように、生徒にメッセージを届けることができる。

・読むことの重要性についての統計をいくつか見つける（私が気に入っているのは、全米芸術基金［National Endowment for the Arts］の「危機的状況にある読み・アメリカにおける読みに関する調査（Reading at Risk：A Survey of Literary Reading in America）」です[27]）。その統計結果をプロジェクターなどで投影しながら説明して、毎日の「ひたすら読む時間」において、調査で示されている恩恵を自分たちが実感していることを指摘する。

(26)　四四ページを参照してください。
(27)　英語の原文はここで読むことができます。https://www.arts.gov/sites/default/files/ReadingAtRisk.pdf　日本語に全訳されたものはありませんが、文部科学省による報告書で概要を読むことができます。

・隣の友だちに、自分が読んでいる本のカバーを見せるように言う。これは、生徒に素早く本を取りだすことを促して、お互いに新しい本を紹介し、簡単に本を読みはじめることにつなげられる活動である。

・ほかの生徒が読みはじめたにもかかわらず数名の生徒が話し続けている場合、彼らを少し「大人にするきっかけ」とする。彼らのところに歩み寄って、今ひたすら読んでいる生徒がどれだけいるかをよく見るように、と伝える。そして、やんわりと、友だちの邪魔をしないようにして読みはじめるように言う。

こうした方法が、読書家を育てる雰囲気をつくる手助けとなります。一貫したルーティンが守られているのなら、クラスのなかにおいて「ひたすら読む時間」が貴重なもので、楽しい要素なのだと生徒が理解するまでにそれほど時間はかからないでしょう。罰でもないし、つまらない作業でもありません。学ぶための、楽しむための、自己改善のための、じっくり考えて発見するための機会であり、みんなが一緒になって行う活動なのです。

## ステップ5　生徒の前で持続的に読むモデルを示す

生徒の多くは、大人が本を読んでいる姿を目撃することがありません。ほんの少しの時間でも、です。読むことの価値を主張しながらも、ほとんどの大人が本を読んでいないことを彼らはよく知っています。生徒に読むことを大切にしてもらいたいなら、生徒にしてほしい行動をモデルで示すことによって読むことの価値を証明しなくてはなりません。

年度初め、私は今読んでいる本を手にして生徒の前に立ち、「ひたすら読む時間」のほとんどを使って自分の本に没頭している姿を見せています。モデルとして示すことによって、生徒は本を取りだしてすぐに本を読みはじめるようになりますし、集中するようにもなるのです。このように、教師が生徒の目の前でひたすら読んでみせることは、生徒に「静かにしなさい」とか「読みましょう」と言うよりも確実にメッセージを伝えることになります。

## ステップ6　リーディング・カンファランスをする

短い時間設定ではじめた「ひたすら読む時間」の見通しがついたら、(28) 二〜三分ずつ徐々に時間を延ばして、一人ひとりのための短いリーディング・カンファランスをはじめましょう。標準的な人数のクラスであれば毎日数人の生徒とカンファランスをすることになりますが、このカンファランスが読むことに対する生徒への支援の中核となるでしょう。毎日、二〜四人を選んで、一

(28)　対象学年によりますが、最初は一〇分ぐらいからはじめます。

人ひとりに対して素朴に「調子はどう?」と投げかけることからはじめましょう。

生徒の回答に注意深く耳を傾けさえすれば、生徒の「強み」と「弱み」を把握することができます。これを知っておけば、のちに行うカンファランスのときに役立ちます。

クラスによっては、年度がはじまってすぐにカンファランスを行うことが可能な場合もありますが、「ひたすら読む時間」において、より長い期間、注意深く生徒の読む様子を観察する必要が生じるクラスもあります。時には、生徒対象のカンファランスをする代わりに、自分もひたすら読むことでモデルを示してください。「ひたすら読む時間」に教師が何をすべきかと考える場合は、生徒について知っていることを判断材料にして決めてください。

## 課題を乗り越える

### 課題1　読む気になれない生徒が「ひたすら読む時間」を混乱させるだろう

初めから読む気がない生徒がいる場合は、やる気が出ない理由を確認しましょう。なかには、日々の活動のなかで読むことが一番難しい知的課題になっている生徒もいます。

あなたは算数・数学が嫌いですか？　もしそうなら、「毎日、しっかり時間をかけて楽しんで算数・数学をするように」と教師から言われたとき、自分がどんなふうに振る舞ったのかについてよく思い出してみてください。算数・数学を楽しむ以前に、自分が解けそうな問題を必死になって見つけたのではないですか？

人間というものは、うまくいかないと初めから分かっている活動はしたがらないものです。しかし、やむにやまれない目標があれば、どんなに難しい算数・数学の問題にだって取り組もうとするものです。自分の家に新しいお気に入りの絨毯を敷こうとするときには、床の面積をきちんと計算しなくてはなりません。たとえ算数・数学が嫌いでも、自分のやるべきことに価値のある目標を見いだすことができれば、難しさを乗り越えて取り組むようになるのです。

読むことに、これっぽっちも価値がないと考えている生徒もいます。そういう生徒にとっては、読むことは時間の無駄でしかありません。とくに、どうすれば読むスキルが向上するのかも分からないのに、難しすぎて読むことができず、まったく興味のもてない本を強制的に読まされている場合はなおさらです。

こうした生徒と一緒に、時間をかけて、彼らの興味や情熱がどのようなものなのかを探ってみましょう。自分にぴったりあった本や、自分の生活に関係していると感じられる本を見つけられるようにサポートしましょう。

生徒によっては、その学年に適切なレベルの本とは何か[29]について、柔軟に考える必要があるでしょう。もし、生徒がダートバイクやゲーム、木工やアイドルに夢中だとすれば、少なくともそれらについての雑誌は読むでしょう。そこからはじめて、その領域についてのより難しい本や文章を一年かけて紹介していけばよいのです。そうすれば、夢中になって読むようになります。[30]

## 生徒のストーリー

読むとはどういうことかについて、自分の考えを常に捉え直すことが必要かもしれません。カイルという、まったく読む気のない生徒がいました。彼が面白がって読むかもしれないと考えた小説やノンフィクションの本が見つかるように、ずっとサポートを続けました。年度末が近づいても彼は一冊目の本を読み終えることができませんでしたが、確実に、これまでにない進歩を見せていたのです。

どういうことかというと、カイルの場合、一冊全部読ませようという目標を一時的に棚上げにしたのです。その代わり、私もカイルもよく知っている内容について、中身のある話し合いに取り組むことにしました。

彼はステロイドについての作文を書いたので、私は『ステロイド合衆国——スポーツ大国の副作用（Bigger, Faster, Stronger）』というドキュメンタリー映画[31]をすすめてみました。なんと彼は、それを観てくれたのです（それを聞いたとき、喜びが隠せませんでした！）。

私は読むことと見ることとの共通点をうまく利用して、この映画とそのテーマについて彼と話し合いをしました。彼はテクノロジーとラップミュージックが大好きでしたから、ラップの歌詞の進化についてのスナップチャット[32]上の文章をいくつか選んで、「ひたすら読む時間」に読んでみたら、と彼に見せました。そして、しばらくしてから私たちはその文章について話し合ったのです。その文章を読んだり、それについてほかの人と話し合ったりするのが面白くなったようで、とうとう彼は夢中になりはじめました。

また、ラブストーリーも大好きだということを知っていましたから、ジョン・グリーンの『さよならを待つふたりのために』を彼にすすめました。すると、授業で彼はこの本を読みはじめたのです。一旦読むことから距離を置くことが、生徒の長期的な成長にとっては欠かすことのできない、大切な行動となることもあるのです。

---

(29) 三三ページの読むレベルについての注（5）を参照してください。

(30) 子ども向けのモーターつき自転車のことです。

(31) アーノルド・シュワルツネッガーやハルク・ホーガンなどのハリウッドスターに憧れてステロイドの使用を続けるクリス・ベル監督自身のエピソードや、プロスポーツ選手などに対してステロイドの使用についてインタビューをするといったドキュメンタリー映画です。クリス・ベル監督、二〇〇八年。

(32) （Snapchat）若者に人気の、スマートフォン向けの写真共有アプリケーションです。

## 課題2　授業時間は貴重だ

本書において大前提となっていることは、生徒が生涯にわたって読み続ける読書家になることが一番大切であり、だからこそ「ひたすら読む時間」をあなたの授業で必要不可欠なものとして最優先しましょう、というものです。そんなことを言うと、「ひたすら読む時間」に不真面目な生徒や、読むこととほかの活動との切り替えに無駄な時間を費やす生徒をどうするのか、と反論する教師もいるでしょう。そういう場合は、タイマーをセットしておくのです。

「ひたすら読む時間」にタイマーなど不必要と思われるかもしれませんが、あなたの読む文化に勢いをつけ、効率を上げるにはよい作戦だと言えます。最初は、生徒があまり積極的に読むことに取り組まず、あなたの計画すべてに抵抗をするかもしれません。タイマーをセットすればダラダラと時間を費やすことがなくなり、時間が来たときには「ひたすら読む時間」を止めることになります。このようにすれば、毎日の「ひたすら読む時間」の間、生徒は静かにしていることに慣れてくるはずです。

軌道に乗って、「ひたすら読む時間」が授業のルーティンの一部になったら、「ひたすら読む時間」を延ばすとともにタイマーをなくしてしまってもよいでしょう。または、あなたが見えるところにだけタイマーを置いておくのです。こうすれば、読む気のない生徒が時計ばかりを見つめるといった状態を避けることができます。

自分の読んでいる本に夢中になったり、カンファランスを受けたりする時間はあっという間に過ぎてしまいます。だから、タイマーは次の活動（通常は共有の時間）に移る合図だと思ってください。しばらくすると、ほとんど余計な時間を使わずに生徒は読むことに取りかかり、そして終えるようになります。

もし、この大切な「ひたすら読む時間」の確保が教育内容をカバーする自らの力の限界を超えているのではないかと心配するなら、もう一度自分の教育目標を考え直して、何を優先すべきかについてしっかりと考えてください。

それぞれの教育目標とそれらに費やせる時間とを照らしあわせてみましょう。たとえば、あなたが文学的技法についてのミニ・レッスンをしているなら、そのレッスンが本当に効果的なものになっているのかと考えてみるのです。生徒には、モデルで示すこと、ガイド読み、クラス全員でのやり取り、個別活動、そしてまとめの活動[33]が必要でしょうか？　それとも、もう十分ですか？

（33）ここに書かれている多様な教え方・学び方の具体的な方法について詳しくは、『「学びの責任」は誰にあるのか』を参照してください。身につく形で教えるためには欠かせない方法が紹介されています。

## 課題3　生徒が「ひたすら読む時間」をもっと求める

もちろん、あなたが必要だと考える上限まで「ひたすら読む時間」を生徒に提供してもいいです。しかし、もっと読む時間が必要だと切望している生徒は、おそらく少数派であることを踏まえておいてください。たとえ、クラスの生徒の多くがより長い時間読みたいと希望していても、時間をかけすぎると読む意欲が低下してしまう生徒が出てくるかもしれません。

時間をかければいい結果が得られると考えて、最初から生徒に長々とした「ひたすら読む時間」を提供したいという衝動を抑えてください。それよりも着実に、短いながらも毎日の取り組みを続け、一対一のカンファランスを伴った時間を確保しながら読書家となる生徒を育てていきましょう。

毎日、最低でも二、三人の生徒とやり取りをしましょう。とくに、まだ読むことに夢中になれていない生徒に目を向けるのです。そういう生徒のフラストレーションの程度を評価して、その原因を探るのです。

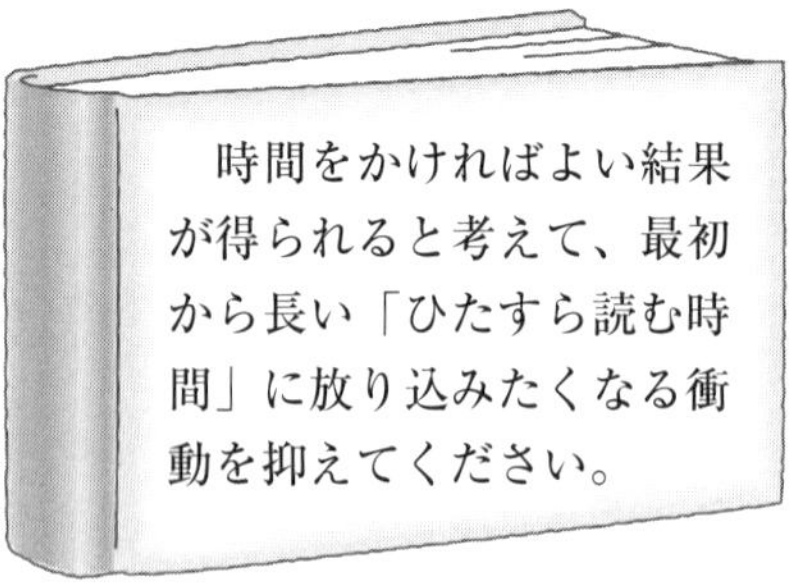
時間をかければよい結果が得られると考えて、最初から長い「ひたすら読む時間」に放り込みたくなる衝動を抑えてください。

もし、読む能力の不足が原因となっているなら、カンファランスでの生徒との話し合いは、どのような「理解のための方法」[34]が役に立つのかや、その生徒にぴったりあった本や文章はどういうものなのかに焦点を絞ることになります。一方、自分の好きな本を探しだせていないことが原因なら、教師が力を発揮して、その生徒の心を捉えるだけの本を提供するのです。

夢中になって読むことができない生徒との関係を一年間通してつくることは、その生徒の否定的な自己イメージを壊して、読むことに取り組むための手助けをすることになります。やる気がなくて読むことに抵抗していた生徒が、「もっと読む時間が欲しい」と求めてくるような日が訪れたとしたら、これほど教師冥利に尽きることはないでしょう。

## ハックが実際に行われている事例

ノース・カリフォルニア州にあるパラダイス高校の国語教師であるジョリー・クルーダー先生

(34)　(comprehension strategies) 読書家たちが実際に使っている理解の仕方です。主に、①関連づける、②質問する、③イメージする、④推測する、⑤何が重要かを見極める、⑥解釈する、⑦読みながら理解を修正する、が示されています。詳しくは『理解するってどういうこと?』と『「読む力」はこうしてつける』を参照してください。

は、読む文化の気運をどのようにつくればよいのかについてよく理解しています。しかし、生徒が本当に読むことを経験して、本に夢中になるためには、授業における読むことの位置づけを大幅に変更する必要がありました。(35)

すでに彼女は、読むことに関するルーティンを、授業中にある程度確立していました。「金曜日には、自分が選んだ本を各自が持参して、いつもながらのやり方でそれを読み、六週間ごとに読書感想文を書いて……そんな感じで回していました」

クルーダー先生は、「一人読み」(36)の取り組み方について言っています。彼女自身の情熱があったからこそ、毎年このやり方で一人か二人の生徒に手を差し伸べることができていたのです。つまり、彼女のブックトークと読み聞かせが生徒の興味を惹いたということです。

ところが、教室内で読むことを促進しようとする彼女の努力と大人の読書家が行っている振る舞いを比べてみるようにと促した、一冊の教育書が彼女の見方を変えました。「ドナリン・ミラーが著した『子どもが「読書」に夢中になる魔法の授業』を読むまで、自分のやり方が本当の読書家たちが行っていることと違うという事実に気づきませんでした。読書家たちは、一週間に一回、一時間だけ読むようなことはしていないのです」

もし、クルーダー先生が静かに本を読んでほしかっただけなら、おそらく彼女は教室の現状を受け入れていたでしょう。生徒は、従順に彼女に従っていたのです。つまり、生徒は「ひたすら読む時間」の間、本を出して静かに座り、ほとんどの生徒がずっと本を読んでいました。

しかし、ドナリン・ミラーのモデルを学んだクルーダー先生は、従順であるだけでは十分でないと感じはじめたのです。彼女は自らのアプローチに大きな変更を加えて、毎日一〇分～一五分間、読む実践をはじめました。彼女にとって、この変更は極めて重要なことでした。

「革命的には思えないかもしれませんが、私の周りでは誰もこのような方法を実践していなかったので、本当に大きな変化だったと言えます」

この読み方の革命には、読書家としてのアイデンティティーを育てるという意思決定も含まれていました。

「私は、生徒に対するたくさんの要求をやめました。リーディング・ログ(37)もやめました。彼らに対して私が行ったのは、彼らが読んでいるときにその間を歩き回って様子を見守ることだけでし

(35)　国語教師は頑張っていますが、残念ながら「自立した読書家」を育てているかというと、そうではないという実態があります。教科書ベースの指導では読む時間が少なすぎますから、本当に読むことも、自立した読書家を育てることも極めて困難な状態が続いています。『イン・ザ・ミドル』の著者も、教師になってからしばらくして思い知らされたことでした。この点が、その本のハイライトともなる事例の一つなので、ぜひご一読ください。

(36)　各人が個別に自分の読みたい本を読むことで、「ひたすら読む時間」と同じです。

た。読むことが苦手な生徒もいるので、彼らが今読んでいるページを書き留めて、読んでいる本について彼らと話し合うことにしたのです」

クルーダー先生は、生徒が読み進められなくなったときにはほかの本を見つけてあげたり、「ひたすら読む時間」のときには教室を観察しながら生徒一人ひとりのニーズに対処したりして、彼らを助けたのです。

彼女は、自分の教室に読む文化を構築する気運をもたらすために、いくつかの活動から一年をはじめています。次のようなアンケートに生徒が答えることは、自己評価をする最初の機会となります。

・自分の家に、[38]本はどれぐらいの冊数ありますか？
・自分のＳＴＡＲの読むレベルはどれぐらいだと思いますか？
・どこで、そのレベルを測りましたか？
・その結果についてどのように思いますか？
・どれぐらいのレベルまで向上したいですか？
・あなたは、現在どのような読む習慣をもっていますか？

この調査は、生徒が読書家としての自分について考え、アイデンティティーをもつきっかけとなりますし、生徒が目標を設定することで読むモチベーションを高めることにもなります。

「生徒の目標は表面的なものに思われるかもしれませんが、かなり熱のこもったものでした。彼らは、よい読書家になりたいと願っています。毎年、失敗を繰り返しますが、それもまた読書家としてのイメージの一部であると受け入れたのです」

クルーダー先生の生徒の読むレベルは低く、読書家としての自分に対するイメージも弱いものでしたから、彼女はもっとも基礎的な読む課題に取り組むことから読む文化づくりをはじめました。その課題とは、どのようにして本を見つけるか、でした。

「私たちは『本とのお見合いパーティー』[39]もします。図書館に入ると、いくつものテーブルの上に人気のある本が置かれています。生徒はそれぞれのテーブルのところに行って、それぞれの本を素早く調べ、背表紙を見たり、二ページほど読んだりして、自分が気に入った本の書名をメモします」

---

(37)　リーディング・ログ（読みの履歴）は、読んだ本について、タイトルと読んだページなどを記録し、保護者にサインをしてもらうものです。

(38)　(Standardized Testing and Report) 個別の生徒に適応するコンピューターによる理解力テストのことです。ここでは、そのうち「STAR Reading（読解）テスト」のことを指しています。

(39)　やり方は、三九〜四一ページで紹介した「ブックパス」とほとんど同じです。

彼女は、もう少しモチベーションを必要とする生徒がいることも知っていましたので、彼らのために少し時間を使って、なぜ読むのかについて、その理由を強調しました。

「私たちは、毎週金曜日に評論を読んでいます。読むことの利点について書かれている評論を一〇分から二〇分かけて読み、そのあと話し合います。『自分の子どもに読み聞かせすべき一〇の理由』とか『本はあなたにとってよいものです』と長年にわたって言われ続けてきたことを繰り返すのではなく、違う方法で読むことの目的について知ってもらいたいのです」

このハックの基盤となっているのは、クルーダー先生が生徒の読む行為について彼らとやり取りをしていることです。授業開始のベルが鳴ると、生徒は自分の本を取りだして読みはじめ、先生は歩き回って、一人ひとりが自分にぴったりの本を読むことができているのかを確認します。(40)

このようにやり方を変えたことで、彼女は「自分の好きな本を選ぶ生徒の数が増加した」と言っています。そして、そのことによって「テストの点数も上昇した」とも言っています。

電子メディアを使った読むテストに妥当性があるとは必ずしも言えませんが、クルーダー先生にとって重要だったのは、生徒にこうした肯定的な成果を見せることができたということです。成績が上がったというデータは気運を盛りあげます。なぜなら、改善が見られたことで生徒は自信をもつようになるからです。

「生徒のなかで、読むことについての会話とワクワク感がこれまでよりも増えました」

こうした成果をもっと意味のあるものにするための方法として、クルーダー先生は生徒に、一年を通して自分たちの読む行為を多角的に振り返り、読書家としての自らの習慣に照らして、そうした成果を見極めるように求めています(41)。

クルーダー先生は、本を一冊も読んだことがなかったブライスという男子生徒の話もしました。彼女は、ブライスが好きな、元ギャングについて書かれている「とても小さな、薄い本」を読むことからはじめればよいと考えました。彼は、その本を読んだあとに、デイブ・ペルザーの『It と呼ばれた子』というシリーズを読むようになりました。ごく最近読み終えたのですが、ブライスは行き詰まっていました。次に読む本が見つからないので、「ひたすら読む時間」に取り組もうとする意欲が低下していたのです。クルーダー先生が何かをやってあげれば、この行き詰まりを打破することは確実でした。

---

(40)　生徒の人数が多いとき、どのようにこれを実現しようかと悩む人もいるかもしれません。そのときは、カンファランスの見本を授業で見せ、あとは生徒相互のピア・カンファランス（ピア・フィードバック）を促進することが大切です。それこそが、生徒にとってもっとも価値あるスキルとなります。

(41)　生徒による振り返り、評価、習慣について興味のある方は、『イン・ザ・ミドル』の第八章に書かれていますのでご覧ください。

「こうした読むことに夢中になれない生徒を軌道に乗せてあげることが自分の仕事であり、挑戦だ」と、彼女は言っています。彼女の態度は明確です。

「私は世話焼き屋なのです」

読む文化は一日にして成らず、です。教師は生徒を知る時間や、一人ひとりの生徒が何よりも先に読み進むことができる時間をどうにかして確保しなくてはなりません。まずは自分のクラスの読書家たちに焦点を当て、それから授業中に読む時間を徐々に増やすことで読む文化の気運を高めていきましょう。

# 読む文化とカリキュラムのつながりをつくる

君の分として与えられた環境に、
自己を調和せしめよ。
（マルクス・アウレリウス）*

（*）（Marcus Aurelius Antoninus, 121〜180）ローマ皇帝・哲学者。掲載したのは『自省録』第６巻、39ページより。この引用句のあとに、「君のなかまとして運命づけられた人間を愛せ。ただし心からであるように」と続きます。

## 問題──既存のカリキュラムに一人読みをうまく位置づける(1)

多くの教師は、自立した取り組みを行うことが極めて限定された環境下で働いています。あらゆるものが標準化される傾向にあり、事前に設計されたカリキュラムのパッケージが普及していることを考えれば、多くの場合、教師は誰かほかの人がつくったカリキュラムや指導書、毎日の授業案に従うだけで終わってしまいます。(2)この「誰かほかの人」は、目の前に座っている生徒のニーズについては何も知りません。「誰かほかの人」によって、学校における読む文化をハックする力が生まれることはありません。

あなたは課題にする本や文章のリストを持っており、その理解度チェックに生徒を「合格させる」ことが自分の仕事となっていることでしょう。通常、英語(国語)の授業において教えられる定番の文学教材は注目に値するものであり、ひょっとすると、生徒にとって素晴らしい文学経験を与えるかもしれません。しかし、こうした本や文章がカリキュラム全体を埋め尽くしてしまうことがあまりにも多く、ほかの本や文章が入り込む余地がほとんどありません。

このように課せられた本や文章とかぎられた時間の組み合わせは、多くの場合、現代アメリカ教育における茶番劇の一つとなっています。(3)つまり、多くの生徒がスパーク・ノート(4)や映画を観たり、不正行為をしたりすることによって、実際は読んでいないのに読んだことにしている状況を知っているにもかかわらず、何年にもわたって同じ指導案で授業をしているということです。

ほとんどすべての教師が、授業時数がかぎられている一方で、カリキュラム上の要求は増えているという課題を抱えています。毎日が慌ただしく、毎年、カリキュラムでぎっしりと埋め尽くされています。その結果、特定のスキルや指導目標を教えることを求められている教師たちは、すべての生徒が同じ教材を読まないかぎり、その指導目標を効果的に導入し、教え、評価することは難しいと考えるでしょう。

---

(1)「自分で選んだ本を静かに読んで過ごす時間」を指します。二七ページの注（2）も参照してください。「個別読み」、「自由読書」などとも言われます。ブログ「RW便り」でこれらの言葉を検索すると、たくさんの情報が得られます。

(2) 以上の状況は、極めて画一化され、教科書をカバーすることを強いられている日本の教師のことが書かれているかのようです。そして、この「誰かほかの人」は、教科書執筆者たちや教科書会社を指します！

(3) この状況は、アメリカだけでなく日本も同じです。目の前にいる生徒のニーズを掴むことが教師に欠かせない仕事と分かっているはずですが、それに気を配らない教師が多いように思います。「やはり、教科書にとらわれ、教科書の内容を消化することに固執してしまうからでしょう」というコメントを翻訳協力者からいただきました。ぜひ、『教科書をハックする』を参照してください。

(4) 二一ページの注（7）を参照してください。

求められていることをすべて年間の教育課程のなかでこなすことを前提とすれば、授業中に「一人読みの時間」を生徒に与えることは不可能なように思われます。

## ハック――読む文化とカリキュラムのつながりをつくる

カリキュラムの要請は、教室において読む文化を構築したいと考えている教師にとっては困難を感じさせるものになるでしょう。教えるように命じられた全クラス用のテキストや指導目標、こなすべき課題の長々としたリストに向きあうとしたら、一人読みを日々の授業に組み込むなんてとてもできません。

しかし、カリキュラムをカバーすることよりも本物の学びのほうが優先されるときは、毎日読むことが生徒の学びを高めるためには明らかに役立ちます。つまり、多くの読む・書く・話す・聞くスキルが身につく形で学ぶことのできるリーディングとライティング・ワークショップ[5]の実践は、自分で選ぶ本や文章を読むことと、それと対《つい》の関係にある書くことで確かなものにできるということです。

教師は、何にでも通用するようなアプローチがないことも、そして毎日の一人読みにもともと備わっている多様性が、一人ひとりの生徒をいかす教え方・学び方（6）にうってつけであることも知っています。授業を行う際、特定の読み方や文学の要素、もしくは本や文章への反応の仕方を生徒が理解することなどをねらいとするなら、みんなが同じ教材を使

（5）リーディングとライティング・ワークショップについての情報は、https://sites.google.com/site/writingworkshopjp/teachers/osusume に紹介されている本から得られます。

（6）一人ひとりをいかす教え方・学び方については、『ようこそ、一人ひとりをいかす教室へ』を参照してください。また、翻訳協力者から、「日本の教師はそれを『知っている』のでしょうか？」という疑問を投げかけられました。それは次のように続きます。「無論、個性の大切さは理解してはいるものの、授業方法は生徒が個性を発揮させないように組織されていると思います。それとも、授業や教室は別物なのでしょうか？　教室を離れたら個性が認められ、教室や授業では個性は認められない、という認識なのでしょうか？　私自身の場合、後者だったように思います。それも、学年共通の進度や共通テストに対応するために、予定されたことを伝えるのが最優先されていました。共通進度・共通テストは、日本の教育を曲げてしまう元凶だと思います」

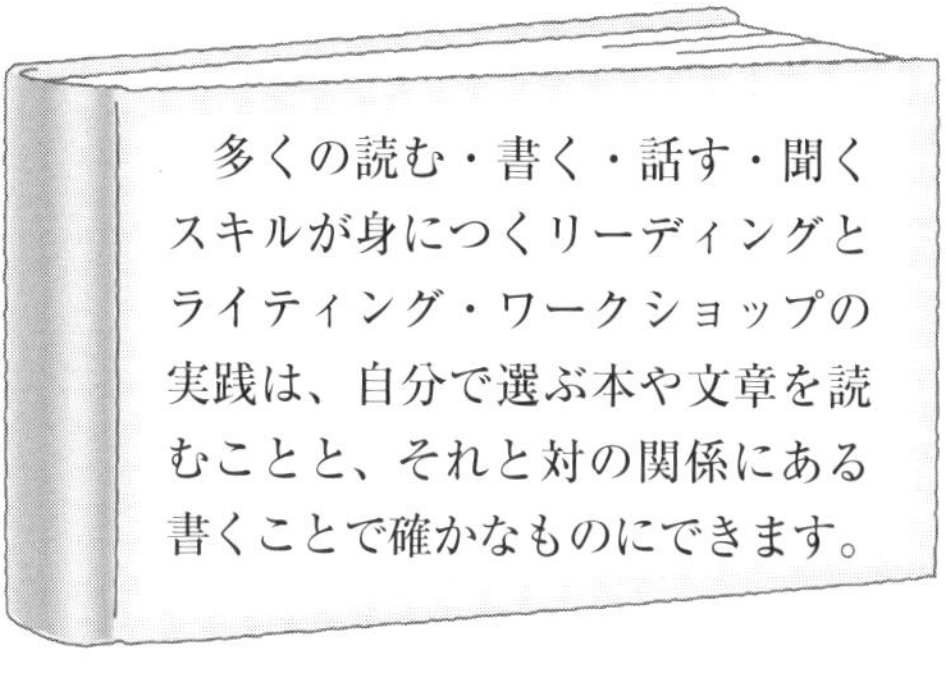
多くの読む・書く・話す・聞くスキルが身につくリーディングとライティング・ワークショップの実践は、自分で選ぶ本や文章を読むことと、それと対の関係にある書くことで確かなものにできます。

うよりも、生徒自身が選んだ本や文章を使ってその指導目標を満たすための練習をするほうが達成する確率は高くなります。一人読みを、カリキュラムの成果を確実に得るための手段として使うことで、教室で読む文化と学校で定められたカリキュラムの両方をしっかりと押さえることができるのです。

## あなたが明日にでもできること

### 推薦図書のリストを読む

AP文学(7)を教える場合であろうと、小学一年生に読み方を教える場合であろうと、読むことを教えるのが上手な教師は、教えている生徒のレベルや年齢にもっともふさわしい本を集めてリスト化し、キュレート(8)しています。

既存のリストのいくつかを、教室の図書コーナーに収めた本や生徒が教室に持ってきた本などと比べてみましょう。何を読むかという生徒の選択肢を、事前に定められたリストの範囲内に制限することはおすすめできません。しかし、もしあなたが生徒自身のレベルにあった本を読んでいるという証拠を提供することができれば、校長や指導主事のような関係者も、授業の一環として生徒が選択して本を読むという実践に対して好意的になることがよくあります。ジョン・ニューベリー賞(9)の受賞者や表彰された本、APを学習している高校生向けにカレッジ・ボード(10)が推奨する本、〈スクール・ライブラリー・ジャーナル〉(11)が作成した中級の生徒にもっともふさわしい

---

(7)（Advanced Placement）優秀な高校生が飛び級で学ぶことのできる大学初級レベルの授業のことです。AP文学（Advanced Placement Literature）は文学を学ぶ時間を指します。

(8)（curate）最善の情報を集め、優れた視点でそのなかから選び出したものを共有するという意味です。博物館・美術館などの社会施設の学芸員がしている仕事です。

(9)（The John Newbery Medal）例年、アメリカにおけるもっとも優れた児童文学の著者に与えられています。アメリカ図書館協会の下位組織である「児童図書館協会（Association for Library Service to Children）」が運営しています。

(10) アメリカにおいて、SAT（大学進学適性試験）の運用をはじめとして、高等教育のカリキュラムを策定したり運用したりしている団体のことです。APカリキュラムを決めるのもこのカレッジ・ボードです。

(11) 学校図書館や公立図書館の職員向けに毎月発行されている雑誌のことです。日本で新しいよい本を探すときは、『学校図書館速報版』（全国学校図書館協議会）や東京子ども図書館の『こどもとしょかん』、児童図書館研究会の機関誌『こどもの図書館』、日本こどもの本研究会の『子どもの本棚』が挙げられるでしょう。国立国際子ども図書館にはたくさんの蔵書があり、刊行年に関係なく多くの本を探すことができます。「YA図書総目録」（YA出版）や図書館流通センターの「週刊新刊全店案内」、日本書籍出版協会「これからでるほん」などでも、新しい本についての情報を得ることができます。

本のリスト、アメリカ図書館協会が出している「青少年向け良書リスト」を探してみましょう。

## フリー・ライティングの基礎として読むことを使う

フリー・ライティング(12)というのは、まさに文字どおりのことを意味します。停滞したり、編集したり、書き直したりすることなく、生徒ができるだけ早く反応できるような何らかの刺激や絵、文章を与えられて、一分から五分間、一気に、できるだけ速く集中的に書くことです。

全員の生徒が自分の選んだ本を読んでいるとき、数分間で書く練習をする方法としてフリー・ライティングを使うことができます。たとえば、言い換えることに対する自信をつけるために、お気に入りの場面についての要約を五行以内で書かせてみましょう。引用文を使うことに慣れる方法は、書評に使えそうな自分の考えをフリー・ライティングで素早く書かせ、そのあとすぐに本を読み直して、自分の意見を支える根拠を見つけさせることにつながります。

物語を書く力をつけるためには、一つの場面をさまざまな登場人物の視点から書いたり、本の終わり方を書き換えたりするとよいでしょう。

## リサーチ・ラリーを行う

明日、教室でリサーチ・ラリーを試してみて、生徒にノンフィクションを読むという選択肢を提供しましょう。リサーチ・ラリーとは、次のような活動のことを言います。

まず生徒に、授業のテーマ[13]に関連する文章や記事を探すために一〇分ほどの短い時間を与えます。生徒をコンピューター室に連れていって自分の端末を使ってウェブ検索ができるようにしたり、登校中に新聞を入手したりして関係する記事をよく調べるように言います。新聞を購入するためにたくさんのお金を使う必要はありません。グループをつくって、一部の新聞をグループ内で分ければよいのです。

一〇分が過ぎたら、生徒は選んだ記事の一つを読み、エレベーター・ピッチを計画します。エレベーター・ピッチとは、極めて短いプレゼンのことを意味します。プレゼンの時間は、エレベーターに乗っている間に扱っている商品を大切なお客さんに購入してもらえるようにセールスするときと同じくらいの時間です。この場合は、自分の見つけた記事が授業に関連していることを証明するために「売り込む」ことになります[14]。

---

(12)　語句や文法の間違い、字の美しさや正しさを気にせずにどんどん頭の中に浮かんだことを書き続ける活動です。日本の学校教育ではまだあまりなじみがないかもしれませんが、アイディアを広げる発想法の一つとして日本でも少しずつ注目されはじめています。

(13)　のちにも出てきますが、「多様性」や「生き延びること」、「アイデンティティー」などが挙げられます。

# 完全実施のための青写真

## ステップ1　授業とのつながりをつくるためにカンファランス[15]を使う

生徒が現在読んでいる本について、一定数の生徒もしくは小さなグループと毎日カンファランスする目標を設定します[16]。カリキュラムと関連したスキルを紹介したり、練習したり、評価したりするときにカンファランスを使ってください。もし、クラスで共通した本や文章を使って特定のスキルに取り組んでいる場合は、カンファランスのときに生徒の様子を確認し、「一人読み」にそのスキルを使うように言いましょう。

たとえば、いかにイメージ表現[17]を分析するのかということについてクラス全体で学んできた場合には、「一人読み」で読んでいる本のなかからイメージ表現の例を探しださせるのです。もし、小グループ対象のカンファランスを実施している場合であれば、イメージ表現の例をほかのメンバーと共有させてみましょう。

## ステップ２　授業に関連させた一人読みプロジェクト(18)を展開する

生徒自身が取り組む本を選べる場合は、長期にわたるプロジェクトが新しい活力を得ることになります。正確に、どこまでプロジェクトが及ぶのかについては、その授業や学年によって異なります。例を一つ紹介しましょう。

九年生（高校新入生）の「とある誰かの物語プロジェクト」のために、「多様性」というテーマに触れることができるようなヤングアダルト小説のリストを私は集めました。ちなみに、カリキュラムでは、九年生は文献解題(19)をつくり、それについてプレゼンすることでパブリック・スピ

---

(14)　そうすることによって、自分にとって大切な情報を選ぶ力、授業のテーマと事象を関連づける力、引用する力などを身につけることができそうです。

(15)　四九ページと八二ページを参照してください。

(16)　その具体的な方法が、『あなたの授業が子どもと世界を変える』の第８章「評価は楽しいものであるべき」（とくに一六二ページ）で紹介されています。

(17)　五感に訴えかける表現を分析して、その象徴性を考えたり、読者による意味づけ方の違いを考えたりすることです。

(18)　この項で紹介されている以外の多様な可能性が『リーディング・ワークショップ』の「第12章リーディング・プロジェクト」で紹介されていますので、参照してください。

ーキングのスキルを学習することが求められています。

私が集めた小説のなかから各生徒が一冊を選び、多様性について考えさせられるような特徴をもつ登場人物を選んで、その登場人物のいくつかの側面について調べる際に鍵となる問いを立てます。生徒は、その問いについての答えを求めるために調べ、自分が見つけた資料の文献解題をつくりあげます。

彼らは、「私たちは『とある誰かの物語』を読むことで何を学んだのか?」という鍵となる問いに対する答えとして、その研究成果をまとめながら、それぞれが選んだ本について分析したことを発表しました。多様性について考えるというカリキュラムから求められている課題が、クラスの読む文化を深める枠組みとなったのです。

私はというと、学校図書館で選んださまざまな本のリストを使った「ブックパス」[20]をするためにこのプロジェクトを使い、生徒に毎日「ひたすら読む時間」(それは同時に、教師とカンファランスをする時間)を提供し、その本について、教室に向けた「イグナイト・スタイル・トーク」[21]を行います。

## ステップ3 関連する本にまつわるラウンドテーブルを計画する

生徒が一人読みのために選ぶ本のパターンを見いだし、似たようなジャンルやテーマ、作者、時代、その他の特徴をもつような本のリストを作成し、それらのパターンや類似点に基づいた「ラウンドテーブル」[22]という計画をします。

たとえば、私の同僚は、自分のクラス[23]（九年生）で流行っているジャンルに気づきました。生徒たちは、ディストピア小説を好んでいたのです。一年の終わりには、その先生は素晴らしいディストピア小説のリストを作成し、一人読み用に一冊を選ばせて、次のような主題の問いについて話し合いを行いました。

(19)　ここでは、集めてきた小説のリストをまとめ、その一つ一つについて自分自身の評価をつけたものを指します。
(20)　三九～四一ページを参照してください。
(21)　スライドの枚数を二〇枚、スライドの表示時間を一枚につき一五秒に設定して行う五分間のプレゼンテーション方法です。マイクロソフト社が年に一度主催するＩＴ業界向けの会議で使われることで有名になりました。
(22)　原文では「book club」でしたので、そのまま訳せばブッククラブになるところですが、ブッククラブは複数人で一冊の本を読む活動です。ここではテーマに共通点のある別々の本を各自で読み、テーマについて話し合う活動が紹介されています。これと同じ活動を、ナンシー・アトウェルは「リーダーズ・ラウンドテーブル（reader's roundtable）」という名前で実践していたということを翻訳協力者から教えてもらいました。ブッククラブと区別をつけるために、ここでは「ラウンドテーブル」という名称を使います。
(23)　反ユートピア的な暗黒の世界を描いたフィクションのことです。たとえば、山田宗樹『百年法』、ジョージ・オーウェル『一九八四年』、レイ・ブラッドベリ『華氏四五一度』、ロイス・ローリー『ギヴァー』、オルダス・ハクスリー『すばらしい新世界』などです。

「人間は絶望したとき、どのように行動するのだろうか？　善と悪の定義は何だろうか？　五〇年後、私たちの社会はどのようなものになっているだろうか？」

本についての話し合いをするもう一つの方法は、教科書や授業で扱われている定番の教材を補うためにある本のリストを集めることです。(24) もし、あなたがホーソーン作の『緋文字』を教えなければならない場合は、仲間はずれにされる登場人物や、歴史的フィクションのジャンル、倫理観を決定する苦しみなどに基づいて、『緋文字』に関連するヤングアダルト小説のリストを集めるとよいでしょう。

## ステップ4　生徒が選んだ本を使ってスキルを練習する

教師は、カリキュラムのなかで定められた読み方やスキルを教えるために、教科書に掲載されている教材を使ったり、クラス全体で同じ文章を使うといった傾向が多いです。しかし、そうした読み方やスキルを身につける機会を提供するのであれば、生徒が自分で選んできた本を使うほうが効果的です。

ひょっとしたら、作家が選択した言葉や構成、語り手がどのような視点から語っているのかということを分析するような計画が立てられるかもしれません。また生徒に、登場人物や設定、主題について探究するように指示できるかもしれません。さらに、説明文のなかから、どのように主張や論拠を探しだすかということについても教えられるかもしれません。

これらのスキルを教えるミニ・レッスン(25)の基礎として、一〜二ページの文章を使うところからはじめてみましょう。そうすると生徒は、自分が今読んでいる本を使ってそのスキルが練習できるようになります。もし、そのスキルを学ぶために生徒の選んだ本が使えない場合は、適当な箇所を抜粋した文章を生徒に提供することもできます。

クラス全体で長時間にわたって特定のスキルや方法に焦点を当てて学習する場合は、そのスキルや方法（次ページの**コラム**参照）を練習するための明確な機会を与えてくれるような本のリストを提供すればよいでしょう。たとえば、生徒が文学における視点について分析する練習を行ったときに私たちは、精神的・身体的な障がい(26)をもつ登場人物が出てくる、カミー・マクガヴァンの『*Say What You Will*（どうするか教えて）』からの抜粋をクラス全体で読みました。そして、

(24)　これは、『教科書をハックする』で提唱している「教科書セット」という発想です。一つの教材だけを生徒に示すのではなくて、生徒が自分の興味関心や読みのレベルに応じて選べるようにしてあげるものです。

(25)　カンファランスと並んでミニ・レッスンは、リーディングやライティング・ワークショップの柱をなしています。教師がいくら頑張って教えても、生徒が「ひたすら読む（一人読み）」や「ひたすら書く」ことを通して練習しなければ読む力や書く力はつかないという考え方に基づいています。教師の役割は、それをいかにサポートするかです。その際の主たる方法がカンファランスですが、ミニ・レッスンも効果的です。四五〜五〇分の授業を五〜一〇分に切り詰めて教えるのです。驚くなかれ、そのほうがはるかに効果的なのです！

## 訳者コラム● 特定のスキルと方法

翻訳協力者から、「特定のスキルと方法を具体的に知りたいです」というコメントをいただきましたので説明します。

スキルは、単語を解読したり文法や構文を理解したりする力です。たとえば、文学では、題名、設定、人物、冒頭と結末の関係、場面構成、語り手、視点、説明、描写、会話、伏線、色彩、比喩・象徴などを読み解いたり、物語構造を捉えたりする力が挙げられるでしょう。ノンフィクションであれば、文章の主旨を見極める、事実と意見を区別する、予測する、比べて読む力などが挙げられます。小学校の物語教材向けには、『10の観点で読むアニマシオンゲーム』において、時・場所、登場人物、中心人物、語り手、事件、大きく変わったこと、3部構成、お話の図・人物関係図、一文で書く、面白さ、という10個の観点が紹介されています。

一方、方法とは、教師や生徒が本や文章に向かう方法です。それには本や文章を選ぶ方法も含まれており、自分にぴったりの本や文章を手に取り、大切な情報を捉えながら読み、そして分析するのが「方法」となります。具体的には、問いをもつ、推測する、視覚化する、構造を理解することが含まれます。また、57ページの「理解のための方法」も参照ください。

話し合い、この抜粋のなかに見られる視点について書きだしました。

同時に、生徒は多様な視点が出てくる本について、長いリストのなかから選んだ本を読みました。そして、それぞれが、自分の選んだ本のなかに出てくる登場人物について分析した結果を書きました。

こうすることによって、クラス全体で視点について分析するスキルを教えると同時に、生徒に自分の読みたいものを選ばせることができたのです。

## 課題を乗り越える

### 課題1　すべてをこなすだけの十分な時間がありません

　このハックは、教師の日常におけるルーティンのなかで効率的に機能します。一人読みからはじめることで、始業ベルが鳴るとすぐに生徒を読むことに引き込み、残りの時間は心を落ち着かせて集中するというルーティンを提供することになります。生徒が読むために選んだ本に授業を関連づけ、授業で学ぶスキルを一人読みのなかで練習するとき、生徒は定められた学習目標を容易に達成することができます。

　教師は、自分の学びの練習に使うための本を生徒が選べるようにして、オウナーシップを与えるだけでよいのです。そうすれば、生徒は読むことにもっと夢中になって取り組むようになり、より良い成果を生みだすようになります。

---

（26）（Cammie McGovern）ヤングアダルト小説家です。この小説は、脳性麻痺をもって生まれてきたエイミーと、強迫観念と繰り返し襲われる恐怖と不安に苦しむマシューの青春物語です。未邦訳です。

## 課題2　異なる二五冊の本を読む二五人の読書家をフォローすることはできません

教室内で読むことをクラスのルーティンの一部にしてしまうことは、このような状況を何とかやり繰りするために私が見つけたハックのなかでもっとももよいものと言えます。そのシステムを機能させるための鍵は、生徒とよい関係を築くことです。

日常的にカンファランスを行っているとき、あなたは個々の読書家としての生徒について学ぶことになります。彼らが自分の読んだことについてよりたくさん書いたり、お互いに話したり、一人読みの本を使って授業に関連する作業をしたりすればするほど、あなたは生徒の読むことに関するすべてについて知るようになります。あなたは、それぞれの生徒がどんな種類の本が好きなのかということ、彼らが自分の読みを前進させる道のりのどのあたりにいるのかということ、さらに、教室の外でどれくらい本を読んでいるのかということについて捉えることができるようになるのです。

授業のはじまりの一〇～一五分間だけではすべての生徒と話すことはできないでしょうが、日常的にカンファランスを続けることによって得られるものの多さに驚くはずです。カンファランスをすることによって生徒の学びが追跡できるだけでなく、生徒の読みの選択や能力について計り知れないほどのことが分かるようになります。

もし、正確に記録し続けることに不安を抱えているならば、生徒の読むことに関するすべてを追う必要がないことを理解しましょう。書くことの場合と同じく、生徒が大きな前進を見せるためには、どれだけ読んだかについて完全に評価しようなどと思ってはいけません。仮に、生徒によりたくさん読ませることと、よりたくさん追跡できるようにすることのどちらかを選ばなければならないとしたら、明らかにたくさん読むことのほうが重要となります。

ある生徒が一冊の本を読み終えたとき、それについて書く様子を見る機会やそれについて話し合う機会を逃してしまったとしても大丈夫です。ここで説明してきたように、生徒が毎日読むという一貫した実践が読む文化を構築し、あなたの授業のなかで一人読みを機能させるということを信じてください。生徒自身が読んだことについて考え、話し、書かせることは、すべての詳細が追跡され、記録され、評価されるような完璧なシステムにすることよりも大切なのです。

## 課題3　私たちは重要な試験に備えなければなりません

よく引用される論文に、カニングハムとスタノビッチによって書かれた「読むことは心に何をもたらすか」(27)というものがあります。それによると、一日にたった二〇分間しか本を読んでいないのに、一般的な標準（学力）テストにおいては上位一〇パーセントの点数を取るということが示されています。

その半分の、一日につき一〇分間を確保し、それに加えて生徒をサポートし、読むことへの愛情を育むようにすればより良い読書家になることを手助けできるだけでなく、その効果を生みだし続けることができます。またそれによって、一部の権力者にとってしか重要でない標準テストにおいても、成功を収めることが可能になるのです。(28)

## 課題4 スキルによってはフィクション（もしくはノンフィクション）のみしか使えません

フィクションとノンフィクションのどちらか一方にしか使えない文学的要素や読みのスキルないし方法は、少ししかありません。もし、ある生徒が、ミニ・レッスンで練習しているようなスキルとかけ離れたように思える本を読んでいるとしましょう。そのときは、文学的要素が豊富に含まれている本から適切な長さの一節を事前に選んだり、残りの生徒が積極的に取り組んでいるスキルの練習を提供することができないかと考えてください。

こうした状況を避けるほかの方法としては、授業のなかで教えようとしているスキルや内容にぴったりあう「おすすめ本」のリストを提供することが挙げられます。このやり方は生徒の選択肢を狭めることになりますが、あなたの教えているスキルに関係する本を生徒が読むことだけは保証できます。

## ハックが実際に行われている事例

サラ・ソーパー先生は国語教師であり、ミシガン州のノースウェスト高校の教科主任でもあります[29]。ソーパー先生は、すべてのレベルの高校生に読む文化を構築してきました。九年生からAP文学[30]を履修する生徒まで、全員が自分で選んだ本を読んでいます。ソーパー先生は、カリキュラムは障壁ではなく、読む文化を構築する助けになるということを見せてくれました。

ソーパー先生は、クラスに応じて一人読みのプログラムを導入しています。彼女が教えているAPの生徒は、AP文学のために提供されたリストのなかから本を選んでいます。「ひたすら読

---

（27）Anne E. Cunningham and Keith Stanovich (1998). What Reading Does for the Mind. *Journal of Direct Instruction*, Vol. 1, No. 2, pp. 137-149.

（28）日本でも、国立教育政策研究所が報告した『平成三一年度（令和元年度）全国学力・学習状況調査報告書質問紙調査』において、読書を肯定的に捉えていたり、読書時間の多い小学生は教科の平均正答率が高いことが報告されています。

（29）ソーパー先生は二〇一九年一一月にミシガン州の教育優秀賞を受賞しました。ツイッター（@Soperclassroom）やブログ（sarahsoper.blogspot.com）でも彼女の活動を見ることができます。

（30）七一ページの注（７）を参照してください。

む時間」では、読む文化の構築とAP試験に合格するための準備という二つの目的を一体化させています。各学期の終わりには、APの生徒は読んできた本についてプロジェクトを実施します。そのプロジェクトで生徒は、自分が読んできた小説について、主題や目的、登場人物、表現方法などを分析するという、これまで学習し、練習してきたスキルを使って分析することが求められます。

ソーパー先生の九年生の上級クラスでは、「一人読み」、「書くこと」、「話すこと」の三つを統合する形で、読むスキルを向上させながら読む文化を構築しています。生徒は、月曜日、水曜日、金曜日に読みます。ソーパー先生は、それぞれの読むセッションのあとにジャーナル(31)のなかで振り返ることができる質問をすることで、生徒が読むスキルを向上させることを支援しています。

生徒は、自分が読んだ本のいくつかの側面について、授業で学習し、練習してきたスキルに関係させながら書いていきます。そして、自分のジャーナルに書いたことを小グループの話し合いのなかで共有します。また、九年生の通常クラスでは、読む文化を構築するために、より自由なアプローチをソーパー先生は使っています。月曜日、水曜日、金曜日にはスキルに関連したウォーミングアップをして、生徒は本を読む時間を過ごします。これらの生徒は、各学期末にプロジェクトを実施することはありません。

ソーパー先生は、クラスによって違うアプローチを採用することについて次のように説明しています。

「上級クラスの生徒には、ほんの少しだけ多くの文学的要素を身につけてほしいと思っていて、それはAPのための準備になると思っています。一方、通常クラスの九年生に対してはハードルを低くしたいと思っています。彼らにはもっと読むことを味わってほしいので、読む時間を彼らに提供しています。単純に、読むことを楽しんでほしいのです」

ソーパー先生が九年生と読みはじめたとき、多くの生徒が、「自分は熱心な読書家ではないし、読みたいとも思わない」と答えていました。現在はというと、彼らはもっと読む時間が欲しいと懇願するほどになっています。このような態度の変化は学期末に初めて見られました。そのとき生徒が、「今読んでいる本を最後まで読み終わりたいので、コースが終了しても本を読み続けてもいいですか？」と尋ねてきたのです。

「私の生徒は読むことを本当に楽しんでおり、読むことに浸りきっています」と、ソーパー先生は言っています。ソーパー先生のクラスから得られる教訓はとてもはっきりしています。学年レベルや教えている授業に関係なく、どのようなクラスでも読む文化を構築することが可能だということです。

(31)　生徒がなんでも書きたいことが書けるノートのことです。

### 訳者コラム● 発想転換の価値

　複数の協力者から、発想転換の価値についてコメントを受け取りましたので、その一つを紹介します。

「日本の教師は、カリキュラムで決められたことを消化することが第一の目標になっているように思います。生徒に教えたいと思う内容やスキルを与える・伝えるということが教育活動の本来の目的であるはずなのに、他者から決められた内容を消化することをまずもって考えます。そうすると、リーディング・ワークショップなどはとてもやっている時間がない、ということになります。リーディング・ワークショップを進めながらこそ、そもそも教えたいと思っていたことがより楽しく・効果的に伝えられるのに。『読む文化』を教室につくりあげることによって、それはより円滑に遂行されるのですね。生徒自身が、もっと読みたい！と意欲を見せてくれるのですから。『読む文化』の育成は、新学習指導要領が目指す学力の三つめの要素である『学びに向かう力、人間性など』を伸長させるのに役立ちますね」（Y・Mさん）

教室に読む文化を構築することは、生徒やクラスのレベル、教える授業に関係なく、あなたが現在置かれた状況にあわせることを意味します。生徒に教えたいと思う内容やスキルの明確な目標を決めれば、授業（カリキュラム）から時間を奪い去るのではなく、カリキュラムをサポートする形で読む文化を活用することができるのです。

ハック
3

# 教室の図書コーナーを充実させる

**どんなに高額の費用がかかる図書館でも、**
**国が支払う無知の代償に比べればはるかに安い。**

（ウォルター・クロンカイト）*

(*) (Walter Cronkite, 1916～2009) アメリカのジャーナリスト・ニュースキャスター。「CBSイブニングニュース」のアンカーマン兼編集長などを務め、ジョン・F・ケネディ大統領の暗殺、アポロ11号のニール・アームストロング船長による月面着陸、ベトナム戦争といった歴史的事件を報道しました。自伝として、『20世紀を伝えた男　クロンカイトの世界』があります。

## 問題――生徒は本が容易に入手できる環境をもっていない

多くの生徒が、本を探し求めて自然に選ぶようになることはまずありません。あなたが積極的な読書家の習慣と行動をモデルとして示し、生徒の読む楽しさを育てるからこそ、最終的に彼らは、自分にとって魅力のある本をどのようにして見つければよいのかについて学ぶのです。とはいえ、学年の初めに教室に入ってきたときには、ほとんどの生徒がどういう素晴らしい本を読んだらよいかなどと考えてすらいません。

あなたがクラスで読む文化をつくりたいなら、一番に克服しなければならないことは本に対する生徒の無関心さです。たくさん読むことを生徒に求めるなら、一人ひとりが読みたいと思える本を確実に見つけられるようにしなくてはなりません。

読みたがらない原因となっている問題は二つあります。一つは読むスキルの欠如で、もう一つは選んだ本が好ましくないという問題です。二つ目の問題を克服することができれば、すべての生徒が自分にぴったりの本を見つけることができるようになりますから、自ずと一つ目の問題も解決することになるでしょう。(1)

自分にとって面白い本を手に入れられないという状況が続けば、生徒は読むことについて否定的な考え方を身につけてしまうことになります。今日、生徒の多くが極端に印刷物の少ない環境で暮らしていますから、彼らの社会体験は、ソーシャルメディアとリアリティーTV(2)による経験にかぎられています。

教科書に掲載されている古典的な文学だけが生徒の出合う紙媒体（書籍）だと教師が考えているなら、おそらく彼らが熱烈な読書家に成長することはないでしょう(3)。

古典的な文学は、文学的価値があるというだけの理由で教室に君臨していますが、生徒にはごくかぎられた背景知識と読む能力しかありません。ですから、古典的な文学を読むためにはたくさんの手助けが必要となります。そのような作品は、多くの生徒が熱中して読むような作品ではないのです。

（1）読書好きの生徒や大人は、まさにこれができています。それによって相乗効果を上げていることになります。

（2）有名な役者が演じるドラマではなく、主に一般人や名の知られていない芸能人などの台本・演出のない状況の様子を楽しむテレビ番組のことです。実際には脚本・演出のある演技であるのに、まるで本当の出来事のように演出してみせる番組もあれば、ホームビデオや監視カメラの映像で構成されている番組もあります。日本の場合は、これにバラエティー番組が含まれるかもしれません。

（3）翻訳協力者から、「教科書のなかにも、それを上手く紹介できれば生徒を読むことに向かわせる作品があります。そうするためには、やはり本物の本が不可欠です。教科書で本の紹介をされても、その本が手元になければかなりの確率で読まれません」というコメントをいただきました。

生徒が自分にぴったりの本を見つけることができないということは、かなり手ごわい問題です。生徒は読むことについて否定的な考えをもっていますし、それをどうにかしようとする家庭は決して多くありません[4]。また、学校で生徒が出合う本といえば、彼らの関心を惹きつけることがないものか、とても難しい内容のものとなっています。でも、幸いなことに、これはとてもシンプルなハックで解決することができます。

## ハック——教室の図書コーナーを充実させる

しっかりとキュレート[5]された教室の図書コーナーこそが、読むことに無関心な生徒を「本の虫」に変える鍵となります。もし、読むことで自分が変わったという感触をすでにもっている生徒なら、興味深い本、ちょっと風変わりな本、ゾッとする本、触発される本、悲しい本、現実の問題に直結する本を見つけたという経験をもっているはずです。

一方、読むことに関して成功体験をあまりもっていない生徒が読む文化を共有するためには、自分の興味関心にぴったりの本を見つけることが不可欠となります。そのような生徒には、「きみにちょうどいいと思って選んだ本がここに一冊あるよ」と言ってあげれば、読みはじめるため

## 訳者コラム●まずは教師が読もう！

教師がモデルとして読むことを示すためには、まず教師自身が本を読まなければなりません。教師が本を読む習慣をつけるためには何が必要なのでしょうか。翻訳協力者から次のようなコメントをいただきました。

「どんな本を選べばよいか分からない人が教師のなかにも多くいます。生徒にあいそうだな、面白そうだなと思う本をまずは一冊読んでみたり、学校司書におすすめの本を尋ねてみることなどからはじめてもよいかもしれません。小学校の現場を見るかぎり、本を読むことを習慣にしている先生のほうが少ないという感じがします」

の強力な推進力となるでしょう。

教室の図書コーナーが充実していれば、生徒に夢中になれる本を手わたし、それを家に持って帰ったり、持ち歩いたり、読み終えたらそれを返したりするように教えることが可能になります。ほかでは決して体験できないような、読むことについての成功体験を生徒に提供することができるのです。

本と幸福な出合い方をするように計らうことで、生徒は最終的に読む勢いを保ち続ける方法を身につけることになるでしょう。教室の図書コーナーがよくできていれば、生

(4)　情報の提供の仕方次第で大きく変わる可能性はあります。「子どもに家でたくさんの本を読ませるには」といったようなタイトルの講演会を開催したり、紙媒体で情報を発信したりしても無理です。ぜひ、『ペアレント・プロジェクト』で紹介されている方法で、読むことをテーマに試してみてください。講演会や紙ないしディジタルで情報発信するよりも、はるかにインパクトがあります！

(5)　七一ページの注（8）を参照してください。

徒は進んで読み続けるものです。ある生徒が一冊の本を読み終えそうだなと感じたら、次に読みたくなるようなおすすめの本を並べておくのです。教室のなかに厳選した本を置くことで、生徒はあれこれと苦労しなくても次に読む本を容易に手に入れることができます。

恐る恐る読む文化に足を踏み入れたばかりの生徒であれば、新しい（自分にぴったりの）本を見つけるのはかなり荷が重いことだ、と感じるはずです。自分の読みたいと思った本をリクエストしたり、教室から外に出る許可をもらったり、学校図書館に行ったり、その本が貸出可能なのかどうかについてどうすれば分かるのかと考えたりする過程で混乱するぐらいなら、いっそのこと読まないほうが簡単だと思うことでしょう。

しかし、あなたのすぐ近くにたくさんのよい本があれば、そのなかから一冊を選んで生徒に手わたすことができます（もっとも、生徒が徐々に自分で見つけだせるように手助けしていく必要はありますが）。教室の図書コーナーは、読むことを生徒の前に示し、言い訳を消し去り、たくさんの本を読むチャンスを提供するものです。

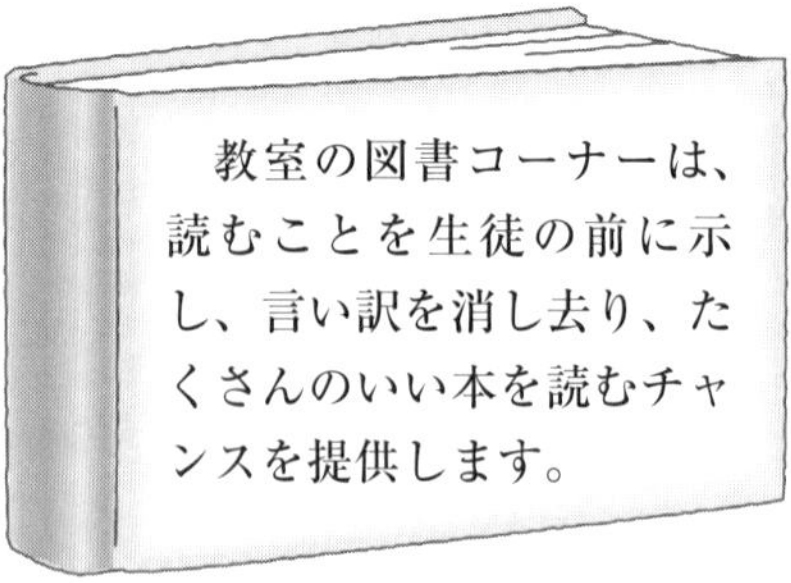
教室の図書コーナーは、読むことを生徒の前に示し、言い訳を消し去り、たくさんのいい本を読むチャンスを提供します。

## あなたが明日にでもできること

### 自分の本棚をじっくりと見極める

本好きなあなたの家には、楽しく読み終えた本が何冊もあることでしょう。その本を生徒と共有してみましょう。自分が好きな本なら生徒も興味をもつだろうと考えるのであれば、そこからスタートするのです。もちろん、それらの本を紹介してもよいでしょう。何といっても、あなたが馴染んだ本なのですから。

何でもそうですが、教室の図書コーナーをつくる際にもっとも難しいことは、どうやってスタートするかということです。あなたの本棚に置かれた何冊かの本をじっくり眺めてから活動をはじめれば、きっとそのきっかけが見つかるはずです。

### 生徒に「ほしい物リスト」をつくるように言う

アマゾン（Amazon.co.jp）には「ほしい物リスト」という機能がついていることはご存じでしょう。教師が「読む文化」をつくるために、この機能を利用することができます。教室の図書コーナーに今はないけれども、自分たちが読みたいと思っている本のリストを生徒につくってもらうのです。それから、電子メールを使ってそのリストを生徒に送ってもらい、生徒の選んだ本をリストにしてまとめるのです。

「アマゾン　ほしい物リストを作成する」とか「アマゾン　ほしい物リストを公開する」で検索すれば、生徒も自分でできるようになります。また、クラスのアマゾン・アカウントをつくることもできます。そうすれば生徒は同じリストのなかで本を共有することが可能になり、あなたも教室の図書コーナーにそれらの本を加えることができるでしょう(6)。

## 地域の公立図書館を訪問する

公立図書館では、常に新刊図書のためのコーナーが用意されています。図書購入のための予算を確保するためにセールスをすることもあれば、不要となった本を手放すこともあります。おそらく、最新のヤングアダルト小説をこのやり方で手にすることは難しいでしょうが、それでも掘りだしものに出合う可能性はあります(7)。

## ソーシャルメディアを利用する

実生活に近い人間関係でつながっているところなら、どこでもはじめることができます。たとえば、フェイスブックです。誰かの本棚の本のなかからあなたの目的にかなう本を贈ってもらえるように、誠実な文章で書き込むのです。私は、このやり方で教室の図書コーナーを拡張することができました。そのときに協力してくれた従兄弟のディランに感謝しています。

その際には、生徒の好む本のうち、ヤングアダルト小説、伝記、ＳＦ小説、グラフィックノベルなど、どういう種類の本が欲しいのかについて明確に伝えるようにしましょう。

## 図書予算担当者を説得する

自分の教室で使うための図書を買う教育予算が欲しいなら、教室の図書コーナーをつくる目的をしっかりと言葉にして、何が欲しいのかということを正確に述べる必要があります。図書予算の担当者に向けて、詳しく丁寧な電子メールを書いて、あなたが読む文化をつくるための目標や、目標遂行のためのステップを説明するのです。あらゆる事前準備が進んでいて、担当者が寛大であればきっと「ノー」とは言わないでしょう。

（６）　以上は、アマゾンの宣伝になっていますが、日本のネット書店も同様のサービスをもっているはずですからチェックしてみてください。また、「ハック１」で紹介した読書メーターやブクログの「読みたい本」リストを活用することもできます。

（７）　掘りだしものに興味のある方は、古書店を訪ねるという方法もあります。

あなたがリクエストする本について、作者名や翻訳者名、正確なタイトル、出版社名およびＩＳＢＮ番号を記入したうえで販売価格を調べてリスト化し、教育委員会が利用している書籍販売業者で入手可能かどうかを確認しましょう。

## ＰＴＡからの支援をもらう

生徒に、ＰＴＡに向けて手紙を書いてもらいましょう。ＰＴＡは資金をもっています。ＰＴＡのサポートを得るためには、彼らに主導権をわたす必要があります。もし、ＰＴＡが教室の図書コーナーに対して何らかの資金援助をしてくれるのなら、援助額がいかに少なくても、生徒からのお礼状を出すようにしましょう。

あなたのクラスで達成している成果をＰＴＡの関係者に頻繁に伝え、彼らがその一部を担ってくれていることが分かるようにしましょう。そうすれば、毎年、資金援助を受けることができるかもしれません。また、目に見える形で成果や適切な感謝の言葉を提供されると、彼らは再び、しかももっと大きな金額で協力してくれるかもしれません。

## 完全実施に向けての青写真

### ステップ1　お金を調達する

言うまでもなく、あなたの教室にある図書コーナーには資金が必要なことでしょう。図書を購入のための資金を調達するために、次に挙げる三つの方法から一つを選ぶか、もしくはすべてを試してみてください。

①**教育助成金や寄付金を確認する**——インターネットのおかげで、教室の図書コーナーのために資金や寄付金を募る機会が得やすくなりました。応募に際してやっておかなければならないことがたくさんありますが、こうした財団の教育振興助成に応募して資金を手に入れ、図書コーナーを充実させることができます。(8)

---

(8)　日本でこのような資金や寄付金を交付している基金や財団のリストを巻末（一八六〜一八七ページ）に掲載しておきましたので参照してください。

**②民営のブッククラブを探す**――自分で購入しようと思ったり、購入できたりする生徒もいます。「スカラスティック社」[9]は、長きにわたって、安い価格で本が購入できる機会を生徒に提供してきました。参加している教師に定期的に小冊子を送り、教師がそれを生徒にわたします。一人の生徒が五冊購入したら、おまけとして一冊がついてきます。さらに、本を買うための引換券を受け取ることもできます。

注文して二、三週間経ったら、クリスマスのときみたいに一つか二つの荷物が届きます。本の山をわたすときには、サンタクロースを演じながら新しい本を紹介しましょう。本が届くまでの期待感と、新しく手にした本を開くときに感じるワクワク感を味わうためには、注文の際に工夫することが大切です。

注文することや資金繰りをする際には予算の担当者と相談することになりますが、それを厭わずに行い、このプログラムの恩恵を受けるのがクラスの三名だけということにならないようにしましょう。自分のお金でということなら「スカラスティック社」はよいアドヴァイスを与えてくれますし、図書コーナーを素早く充実させるボーナスも提供してくれます[10]。

**③低予算で最善の本を購入する**――多くの教師は、生徒が読みたがる本ばかりを図書コーナーに置きたいと思っています。生徒と一緒に読む文化をつくる過程においてあなたは、どの本が生徒

に人気のあるのかについて知ることができます。図書コーナーに自分のお金をつぎ込むつもりなら、多くの生徒が楽しむことが分かっている本を選びましょう。(11)

## ステップ2　図書の借出・返却システムをつくりあげる

いくつかのやり方がありますが、自分自身のスタイルやりやすさをもとにして、一番機能する方法を選ぶことです。図書の貸出・返却をするシンプルな方法の一つは、図書借出カードシステムを使うことです。次の五つの手順を試みてください。

---

(9)　(Scholastic) アメリカの出版社で、幼児から高校生向けの書籍を多く出版しています。

(10)　日本ではクレヨンハウス、福音館書店、フレーベル館、童話館などが絵本の定期購読サービスをしていますが、ここに書かれている「民営のブッククラブ」に一番近いものと言ってもよいでしょう。ただ、その場合のおまけはさまざまのようです。

(11)　翻訳協力者から、この点についてコメントをもらいました。なお、コメントにあるマンガに関しては、三〇ページのグラフィックノベルについての訳者コラムも参照してください。「生徒に人気のある本が、教師が生徒にすすめたい本と一致しないこともよくあります。読むことが苦手な子どもには、とくに本屋で売れている人気のある本が必要かもしれません。そういう意味では、マンガも重要な役割を果たす気がします。以前、担任した子どもから、マンガの『美味しんぼ』を読んでいるうちに、いろいろな本が読めるようになったと教えてくれたことがあります」

**①図書借出カードのファイルをつくる**――カードの片側の面に生徒の名前をそれぞれ書く。

**②カードのもう一つの面には、一番上に生徒の名前を書く**――名前の下の三つの行に、「タイトル」、「借出日」、「返却日」という三つの欄をつくる。

**③生徒に本の借り方を教える**――授業の最初か最後にあなたのところに本を持ってきた生徒が、カードにタイトルと借出日を書く。

**④本を読み終えた生徒があなたに見せ、あなたが返却日の日付を書き込む**――生徒は、元にあった位置に本を戻す。

**⑤定期的にカードを持ち出して一枚一枚チェックする**――もし、生徒が一貫して読んでいなかったり、まだ本が返却されていなかったりする場合は要注意である。

このカードは、クラスの読む習慣の記録になります。それぞれの生徒がどれだけの本を読んだかということについて辿ることができますし、一冊の本を読むのにどれぐらいの時間がかかっているのかということも分かります。また、新しくどのような本を図書コーナーに入れて、どの本を図書コーナーから外すかということについての判断もできます。ディジタル端末を使おうと考えているようなら、図書コーナーの本をスキャンしたり、追跡したりすることを支援するアプリ[12]が増えつつありますので参考にしてください。

## ステップ３　十進分類法[13]にサヨナラしてみる

それぞれの生徒にはお気に入りの作家がいたり、好きなジャンルがあったりしますが、ほとんどの生徒が似通ったテーマやストーリーの本を楽しんでいることに気づくでしょう。生徒の好みを尊重する形で、教室の図書コーナーはテーマ別に分類しましょう。「愛」、「受容」、「孤独」、「大人になる」、「登場人物対社会」といったさまざまなテーマで本を分類するのです。各分類のラベルをつくり、それらの本を同じ棚か籠に入れます。こうしておけば、授業で使うときにも活かせますし、時間も節約できるのではないでしょうか。

(12)　日本で使えるアプリとしては「読書管理ブクログ」や「読書管理ビブリア」があります。図書のバーコードをスキャンすれば、その本の情報が自動的に表示された状態で保存することができます。

(13)　十進分類法は、日本で多く使われている図書の分類方法です。図書の内容を一〇のテーマに分けて、さらにその一つ一つをさらに細かく分け、三桁の数字でその本の内容を表しています。

また、読んだ図書コーナーの本について生徒に考えてもらい、どのような分類がよいのか提案してもらってもよいでしょう[14]。

## 課題を乗り越える

教室の図書コーナーは、あなた自身の教室で静かに、そして密かにつくることができます。ですから、ほかの人たちから抵抗を示されることはほとんどないでしょう。それはありがたいことですが、そもそも教室に図書コーナーをつくることは容易ではありませんので、「こういうことをしてもよいのか?」という思いにあなた自身が打ち勝つ必要があります。

### 課題1　荷が重すぎる

ある意味、あなたは正しいと言えます。質の高い図書コーナーをつくるには長い時間がかかりますが、やはり「質」が大切となります。生徒が見向きもしない本で本棚をいっぱいにするよりも、生徒が大好きな本を[15]数冊揃えておくほうがよいでしょう。これは、誰も読まないようなスーパー売りのペーパーバックの本をいっぱい寄付され、それを図書コーナーに入れたというひどい実体験から言っていることです。

結局、私はそれらの本をすっかり捨ててしまうことになりました。生徒が読みたがっているひと握りの本を集めることができたなら、あっという間に彼らはそれを借りだして、そのあとに、たくさんの生徒が同じ本を借りようと心待ちになる状況をつくることができるでしょう。量ではなく、質を高めるようにしてください（QRコードにおいて、翻訳協力者の方々が提供してくれた、教室の図書コーナーに「おすすめの本」のリストが見られます）。

## 課題２　本がなくなったり、盗まれたりしてしまう

確かに、年度末にはなくなってしまう本が何冊かあるでしょう。でも、それにはよい面もあり

---

(14) 高校で国語科を教えている翻訳協力者から、次のようなコメントをもらっています。「これは本にかぎらず、評論文などにも大変有効な学習活動になる気がします。教科書を離れてスキルの汎用化を目指していましたが、こうした学習活動が何かのヒントになるかなと思いました」

(15) アメリカやヨーロッパのスーパーの片隅にはペーパーバックが並べられた本棚があります。日本のスーパーにそんなコーナーはあまりありませんが、コンビニエンスストアの雑誌コーナーに置かれた雑多な文庫や新書のことを思い浮かべていただけるとよいです。

ます。どうしてかというと、なくなってしまう本は困難な課題に取り組む一〇代について書かれた本であることが少なくないからです。私には、本を持ち去る人が、私以上にその本を必要としているとしか思えません。しっかりとした図書の貸出・返却システムができていれば、この問題を解決することができます。

## 課題3　同じ教室を何人かの先生が使っている

あなたの図書コーナーが、あなたとあなたの生徒にとってとても重要であることを、その先生（方）と、可能ならその先生（方）が教える生徒に伝えて理解してもらうのです。あなたの生徒と同じく、

**もし、図書コーナーから本がなくなってもそれはかまわないのです。本を持ち去った誰かは、私などよりその本を必要としていて、持ち去った人が期待しているよりはるかに深いことを語りかけるものです。**

**クリステン・ルーチャウ*（高等学校国語科教師）**

（*）108ページの「ハックが実際に行われている事例」でも詳述しますが、ルーチャウ先生はツイッター（@lastingrosebud）で日々の教育に関する情報を発信しています。またこのコラムに対して、翻訳協力者の一人から次のようなコメントをもらいました。「教室の図書コーナーの本については、図書館の本のように厳密に管理することが難しいので、なくなることはある程度覚悟しています。戻ってこないとあきらめていた本が、年度が変わってから謝罪の手紙とともに届いたこともあります」

## 訳者コラム● どの教科にも専用の部屋がある

日本の学校では、理科や家庭科などの教科には、その教科を教えるための「理科室」や「家庭科室」がありますが、国語や数学などの授業には専用の部屋がなく、ホームルームと同じく教室で行っています。アメリカやイギリスの中学や高校では、どの教科についてもその教科を教えるための専用教室があります。日本の言い方に倣えば「国語室」とでも呼べる教室です。

訳者の一人（中井）がイギリスの中学校を訪問したときにも、観察した国語の授業は「English（国語）」と書かれた教室で行われており、壁一面が、授業において生徒がつくった作品や語彙を増やしたり文法を覚えたりするための掲示物、おすすめ本の写真などで埋め尽くされていました。

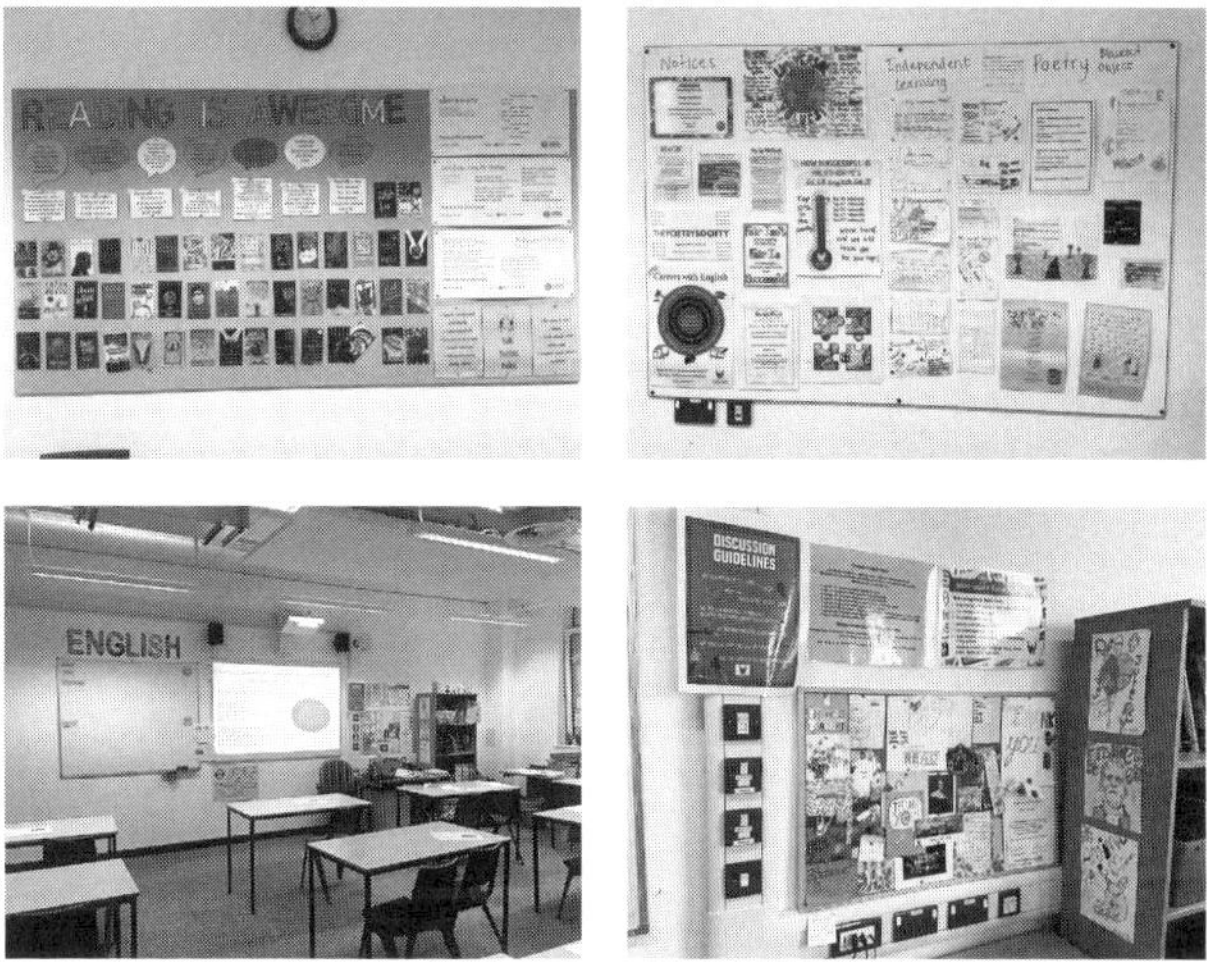


訪問したイギリスの学校　撮影：中井悠加、ケイリー・ミラー先生（この学校の国語教師）

本の貸出・返却システムが使えると説明しましょう。

　私の経験上、ほかのクラスの生徒も図書コーナーの本を借りていきますが、彼らはそのことをとても感謝していますし、借りた本をていねいに扱ってくれています。もし、それがうまく機能しないときは、持ち運びのしやすいブックカートに本を収納して、移動できるようにするとよいでしょう。

## ハックが実際に行われている事例

　教室に図書コーナーをつくることを、とても大がかりなことのように感じている教師もいます。しかし、ニュージャージー州マウント・オリーヴで九年生に国語を教えているクリステン・ルーチャウ先生には、すでにロールモデルがいくつもありました。つまり、彼女が習った高校の国語教師たちのことです。彼女は次のように言っています。

「私はずっと、先生たちがつくった図書コーナーが大好きでした。とくに一〇年生のときに国語の先生がつくっていた図書コーナーは、いろいろなジャンルやレベルの、あらゆる種類の本でいっぱいになっていました」

ルーチャウ先生が常勤の教師になったとき、自らの国語教師としての能力に気づき、自分の図書コーナーを少しずついいものにしていくための強力なハック（工夫や取り組み）を見つけたのです。それは、全米国語教育者協議会（ＮＣＴＥ：National Council of Teachers of English）[16]の年次大会でした。

「ＮＣＴＥの会員になって年次大会に参加することが、これまでになく自分の専門職におけるキャリアアップにつながりました」

これは、とても強力な経験となりました。というのも、ＮＣＴＥの年次大会では、本を無料で手に入れることができるだけでなく、生徒と一緒に読もうとするルーチャウ先生自身のやる気をほかの参加者と共有することができたからです。

「この年次大会の展示会場に行くとヤングアダルト文学への情熱が増して、いろいろなヤングアダルト文学のエキスパートになりました。作家と会ったり、上級者向けの無料の本を手に入れたりして、その情熱を自分の生徒に直接向けるようになりました。私は、自分の生徒がディスカションできるように、ＮＣＴＥで出会った作家たちの写真を貼り付けたカレンダーを毎年つくった

(16)　一九一一年にアメリカで設立された、国語教育にかかわるすべての学校と教師を支援するための全国組織です。ジャーナルや書籍を出版したり、大会を開催することを通して、全国の教師や研究者、その他の教育関係者や作家などの間で授業アイディアや研究を広く共有し、教師の専門性を高めてきました。

り、本を推薦したりして、作家たちも、生徒の成長を気にかける現実に生きている人なのだということを彼らが理解できるようにしたのです」

ルーチャウ先生は、図書コーナーを充実させるための手段として、たくさんの新刊見本(17)を受け取るばかりでなく、自らのお金で図書コーナーの本を購入するといった工夫もしていました。

「私は、バーンズ&ノーブル(18)のメンバーになっていましたし、少しお財布に余裕があったり、クーポンを手に入れたりするたびに、クラスのために本を注文しました」

また、アマゾンの「ほしい物リスト」の使い方(19)についても、彼女はその年の「ほしい物リスト」を生徒に集めさせておいて、「バック・トゥー・スクールの夕べ」ないし「オープン・ハウスの夕べ(20)」のときに、それらを保護者と共有していました。もちろん、図書コーナーに本を寄付することは、どの家庭でも可能なわけではありませんが、リストを共有しておけばそれが広まって、地域の人たちや事業主が図書コーナーに寄付をしてくれるかもしれません。

ルーチャウ先生は、図書コーナーから毎年何冊もの本が消えてしまうことについて尋ねられたとき、生徒が読む文化を大切にしていることをはっきりと示してくれました。

「もし、図書コーナーから本がなくなっても、それはかまわないのです。本を持ち去った誰かは私などよりもその本を必要としていて、持ち去った人が期待していることよりもはるかに深いことを語りかけてくるのです」

もし、あなたの生徒が夢中になって本を読むようになってほしいのなら、素晴らしい本に出合えるようにすることです。教室の図書コーナーは、生徒が大好きな本に出合う機会を増やします。心を込めて快適な図書コーナーをつくりあげれば、「ここは読書家を育てるところ」というメッセージを発信することになるでしょう。

図書コーナーを維持することは決して容易ではありませんが、それができれば、あなたが読む文化をつくりだす際には大きな見返りが期待できます。

---

(17) 正式に出版発売がされる前に、プロモーションのためにつくられた見本のことです。
(18) (Barnes & Noble) アメリカ最大の書店でしたが、二〇一九年六月に売却のニュースが流れました。
(19) 九五～九六ページを参照してください。
(20) 保護者たちが教師たちとゆっくり時間をとって、クラス運営の方針を尋ねたり、これからのクラスのことを語り合ったりする機会です。

# 読むコミュニティーを築くために評価する

自分が多数派に属することに気づいたなら、
立ち止まってよく考えてみることだ。
(マーク・トウェイン)*



(＊)(Mark Twain, 1835～1910)『トム・ソーヤの冒険』や『ハックルベリー・フィンの冒険』などを代表作とする作家です。

## 問題——評価が読む気を失わせてしまう

読むことの評価は、多くの教室において外的動機づけ[1]となっています。つまり教師は、より多く読んだ生徒によい成績をつけることで報いていますが、十分に読めない生徒には「ダメ」の烙印を押して脅しているということです。しかし、報酬と評価を混同してしまうと、生徒のやる気を損なわせてしまいます[2]。

報酬を得るために近道をしようとしてしまうのは人間の習性です。成績がゴールになると評価が裏目に出てしまい、生徒はスパーク・ノート[3]を読んだり、その本の映画版を観たり、本のあらすじを友だちに聞いたりして、読んでもいないのに「読んだ」と嘘をついたりします。教育者にとっては、嘘やズルを容認することはもっとも避けたいところですが、外からの報酬を得ることを目的とした評価システムや成績がこうした行動を助長してしまっているのです。

教師のなかには、記録を残したり、生徒の成長を測ったりするためには伝統的な評価システムが必要だ、と主張する人がいるかもしれません。たとえそうした教師が、生徒を強制的に読ませるために成績や報酬を使うことはよくないと考えていても、彼らはデータ収集のために劣悪な評価システムを受け入れようとしています。確かに、小テストやリーディング・ログ[4]、選択式のテストは定量化できるデータを提供し、成績簿を更新するためには便利でしょうが、そのことが学びを評価（し、さらには学びを修正および改善・訳者補記）するためのもっともよい方法であるということにはなりません。伝統的な評価システムのなかには教師に情報を提供することを目的としたものもありますが、それ以上のものではありません。

こうした評価は十分に意図されているものかもしれませんが、生徒がより良い読書家になることを手助けしようとする教師の努力に反している場合がよくあります。どういうことかというと、生徒が評価を、自分の読みの経験を深める機会としてではなく、点取りゲームと見なして取り組んでいるということです。

教師にとって便利だったり、効率がよくなったりするようにデザインされた評価方法は、状況によっては数人の生徒や教師には効果があるかもしれませんが、それによって読むことが好きになることはめったにありません。選択式の小テストに基づいて自分のパフォーマンスを判断した

（1）生徒の内から湧きでる動機ではなく、ごほうびを目の前にぶら下げたり、成果を出すように生徒に鞭打つ形の強制的な動機づけという意味です。
（2）この点について興味のある方は、『遊びが学びに欠かせないわけ』の第七章を参照してください。
（3）二一ページの注（7）を参照してください。
（4）六一ページの注（37）を参照してください。

り、読みはじめてから読み終わるまでの時間を記録して、流暢さだけでなく、どれほど熱中して取り組めたかについて判断するという大人の読書家はいないからです。

もし、生徒が生涯にわたって読み続ける人になるような文化を構築したいと思うなら、実際に本を読みあさっている人の振る舞いを真似してみればいいのです。

教師は、読む経験を無駄にすることなく、本や文章を読む生徒の知識と能力について情報が得られるような評価をデザインすることができます。つまり、生徒が点取りゲームとして利用してしまうようなシステム評価を避けるだけでなく、読む文化を根づかせるような評価に取り組むことができるようになるということです。

## ハック――読むコミュニティーを築くために評価する

読むことを効果的に評価するには、まず本や文章に対する生徒の反応を前提とします。教師は、ある本について生徒がどれくらい理解しているのかを測るために、その本や文章について考えたことや知識を生徒に共有してもらいます。生徒が、自分の知っていることやできることを見せてくれれば、今後の指導に役立つ情報を教師は得られることになります。本や文章についての理解を示すための方法としては、話したり書いたりといったことや芸術作品や図に表すこと、そのほかにも歌をつくることなどが挙げられます。

読むコミュニティーを築くための最初のステップは、評価することが生徒にとって意味のある機会をつくりだすことです。生徒は、興味のあるテーマや本についてクラスメイトと話したり、自分の創造性を発揮して面白いものをつくったりしたとき、その活動に価値があると感じます。ある本に関する自分の経験について生徒が語る場合、クラスメイトのような実在する人とやり取りをするからこそ、より分かりやすく、面白いものを共有したいと純粋に思うのです。

教師にとっても、生徒にとっても、意味のある評価を開発するためにうまくいっている実例を探しましょう。まずは、教室の外で読書家と言われる人たちが示す行動をリストアップすることからはじめます。このリストは、本物の評価システムの基礎になるでしょう。優れた読書家は次のようなことを行っています。

・その本が適しているかどうかを評価するために、友だちの推薦内容に耳を傾ける。
・グッドリーズ（Goodreads）(5)や、その他のソーシャルメディアのサイトに書かれたブックレビューを読む(6)。

---

(5)　三一ページを参照してください。

・曖昧なところや面白い部分、登場人物がある行動を起こしたときの動機や作家のスタイルに目を向けながら、ほかの読み手とのディスカションに参加する。
・本を評価したり、レビューを書いたりする。これは、グッドリーズや読書メーター、アマゾンのカスタマーレビュー、ブログなどへ投稿したり、自分だけのリストを記録したりするといった形でできる。
・本を読んだ体験を振り返って書いたり、その本の内容についての観察記録をつけたり、特定のグループの人々に対して推薦したりする。これは、共有ブログや個人ブログのなかで投稿することができる。(7)
・面白さについて熱く語ったり、その内容を知らせたりするために、友だちに本についての話をする。
・自分が面白いと思った書評や紹介文の、どこがよいのかを考える。(8)

教師は、教室で読む文化をつくりあげようと取り組んでいるとき、このリストに挙げられた項目が有益だということに気づくでしょう。こうした取り組みは、どれだけ従順に取り組めるかという指標ではなく、むしろ読書家としての強いアイデンティティーを生徒にもたせ、読む経験を深めるものになります。またこれらは、読んでいるときだけでなく、読んだあとにおいても生徒の能力と知識について価値ある情報を提供してくれます。

読むことを評価するうえでのこうした取り組みによって、生徒の動機そのものが高められることになります。また、それ以上に大切なことは、読むコミュニティーが築かれることです。生徒は、クラスメイトがブログで本について書くなど、自分にしかできないとっておきの反応を示すのを見たときに大きな恩恵（衝撃？）を受けます。どういうことかというと、フォーマルな場やインフォーマルな場において、本についての考えを分かちあうためには「こうやればよい」というお手本を見たことになるからです。

読書家の生徒同士でやり取りすることは、取り組みの質と、そこで対象となっている本が個人の好みにあうかどうかについて評価する機会となります。評価のプロセスを教室における日常的

---

（6）翻訳協力者から、「ツイッターで発信している作家や編集者、インスタグラムで本の表紙写真と紹介文を載せている人などの投稿も参考にすることがある」と教えていただきました。

（7）一冊の本でこれをやり続けている例が、訳者の一人が一〇年以上書き続けている「ギヴァーの会」のブログです。覗いてみてください。

（8）訳者の一人に、鴻巣友季子の『全身翻訳家』やル＝グウィンの読書エッセイなどに触発された人がいます。そこに紹介された本を読んでみたところ、実際に面白かったということです。「ヴァージニア・ウルフとかクッツェーは鴻巣さんの本を読まなければ入り込めなかったし、ル＝グウィンのエッセイに触発されて、初めてスタインベックの『怒りの葡萄』の面白さを味わうことができました」

な活動に組み込むことで生徒同士のつながりが生まれ、読むコミュニティーとしての教室がつくられていくのです。

評価は、もはや独立して行われるものではありません。本についての考えを純粋に共有することによって、生徒は本を読んでいる間も、読み終えたあとでも責任をもち、さらにそれが当たり前のことであると感じるようになるのです。読むことは、新しい何かを生みだすきっかけとなり、教室文化に参加しているという大切なしるしとなるのです。

優れた読書家の習慣を評価ツールに取り入れることで、さまざまなことが可能になります。より前向きに読む経験を楽しめるようになり、生徒一人ひとりがもつ能力のよい面について捉えることができるようにもなります。選択式の小テストや低いレベルの質問(9)、感想文などで生徒が悪知恵に頼ったり、何も読むことなく成績を得るためにごまかしたりする代わりに、本物の評価が生徒にもっと読むようにと促していくことになるでしょう。

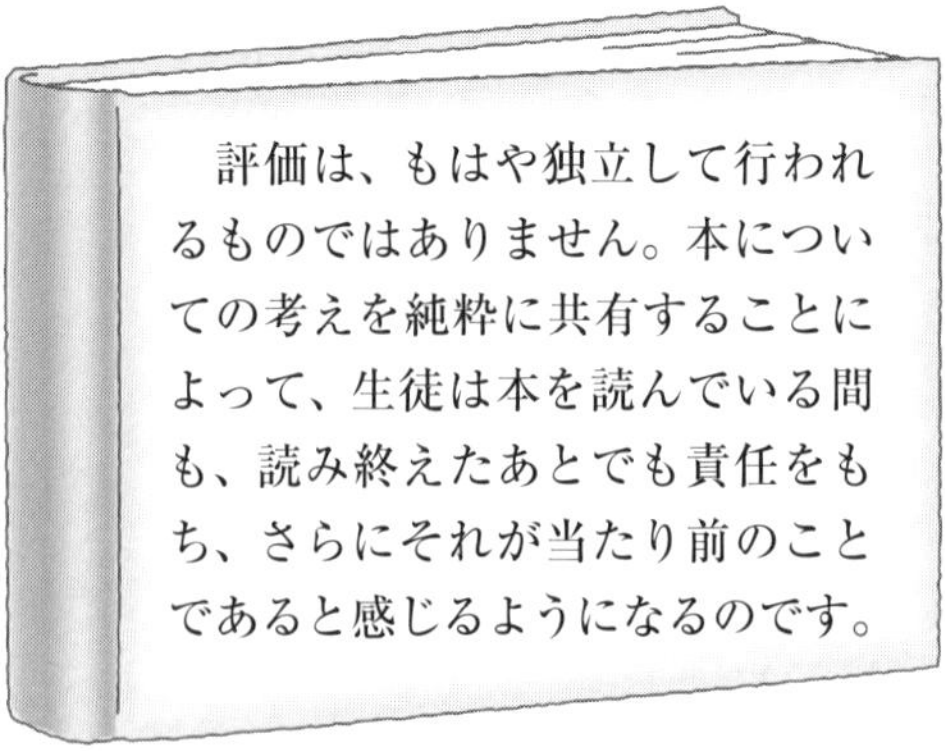
評価は、もはや独立して行われるものではありません。本についての考えを純粋に共有することによって、生徒は本を読んでいる間も、読み終えたあとでも責任をもち、さらにそれが当たり前のことであると感じるようになるのです。

## あなたが明日にでもできること

### 三つの文のブックトークをする

なかには、ブックトークについて二つのことを恐れている生徒がいるものです。すなわち、読むことと人前で話すことです。本について話すのが当たり前だという感覚を生徒がもっていると、私は思っていません。なぜなら、彼らの多くは、教養の高い大人が自分の読んだ本や経験について話している様子を見たことがないからです。

クラス全体の前で何を話せばよいのか分からないという不安と、従来行われてきた読書感想文を発表させられるといったことは、本当に生徒を苦しめるものとなっています。学年の初めに私は、頻繁にブックトークの手本を見せ、生徒がその意味と重要性をつかんでくれるようにしてい

---

(9) 低いレベルは、単に暗記していたり、本に書いてあったものを理解したりしているレベルです。それに対して高いレベルの質問は、分析、応用、統合、評価することを生徒に求めます。この点について情報収集をされたい方は、「ブルームの思考の六段階」で検索してみてください。なお、ここで「理解」は低次の思考に含まれていますが、『理解するってどういうこと？』を読むと、その奥深さを発見することができます。

ます。秋の終わりころになると生徒は本を読み終わるので、彼らにブックトークをする機会を譲りわたしています。そのとき、ブックトークを三つの文で構成することによってパフォーマンスの足場をつくり、彼らの不安を和らげるようにしています。[10]

生徒に、次のような三つの質問を示して、一つにつき一文で発表してもらいます。[11]

・この本のあらすじは？
・この本を好きな理由、もしくは嫌いな理由は？
・この本を誰にすすめたいですか？

これらの質問に答えることで、生徒はその本についての理解を示すことができるようになります。たとえば、物語のあらすじやジャンル、文体などについて振り返ったり、その文章が読み手を惹きつける魅力を評価したりといったことです。[12]

最初と最後が明確なこと、形式が簡潔であること、そして話せる量が制限されているため、ほとんどの生徒にとってブックトークが取り組みやすいものになります。自分の読んだものをみんなの前で公表するという機会は、生徒に読書家としての認識をさせることも求めます。それは、多くの中高生にとっては初めてのことでしょう。教師にとっては、こうしたブックトークをさせることによって、その生徒の理解のレベルや思考の深さを少し垣間見ることが可能となります。

聞いている生徒は、自分でも読んでみたくなる本はないかと耳を傾けることでしょう。(13)

## 抜き書きの壁をつくる

生徒に、大きめの付箋紙か、小さな紙切れとセロハンテープをわたします。そして、その紙の表に、自分が読んでいる本のタイトルとお気に入りのフレーズを書いてもらいます。文章を読むことで聞こえてくる作家の声に耳を傾け、声に出して読んだときに響いてくるフレーズを探すように促します。このように焦点化することで、普段は気にしていないかもしれない文体の特徴に気づかせるのです。

(10)　アメリカでは、一学期は秋（八月末から九月初め）にはじまりますので、日本では六～七月にあたります。
(11)　著者は高校教師なのでここでの対象は高校生ですが、小学生の場合は、あらすじを話すのも結構レベルが高いことになります。たとえば、「みんなと力をあわせて大きな魚に立ち向かった小さな魚の話」とか「さかだちのやり方をサルに教えてもらったワニの話」のように、どんな話なのかを一文で表してみよう、と教えるとよいかもしれません。
(12)　この方法に似たアイディアとして、『子どもを本好きにする　読書指導のネタ＆コツ』で紹介されている「一枚文集」があります。
(13)　日本の小学生によるブックトークの事例が『読書家の時間』の一三三～一三五ページで読むことができます。練習さえ重ねれば、大人顔負けのレベルでやれる子どもも出てきます！

紙の裏面には、なぜそのフレーズを抜いてきたのかという理由を二つの文で書いてもらいます。[14]できあがったら、その紙を教室内の専用スペースに貼ります。そうすれば、生徒の選んだ文やその抜き書きに対する反応を通してあなたは生徒の理解を評価することができますし、生徒は「おすすめ本」を見つけることができるようになります。

## 完全実施に向けての青写真

### ステップ1　コンセプト（概念）・ブックをつくる

ペニー・キトル先生は、『*Book Love*（本が大好き）』[15]のなかで、読んだ本について記録するために「コンセプト・ブック」という工夫について考察しています。コンセプト・ブックは、教師にとって有効な評価ツールになります。一方、生徒にとっては、読むことについての思考を深めるための貴重な方法になります。そして、クラスにおける読む文化は、生徒が貢献したものの集合体となるのです。

新しいノートを数冊用意しましょう。表紙は無地のものがもっともよいです。それぞれのノートの表紙に、文学に関するコンセプトを書いたラベルを貼っていきます。たとえば、「アイデンティティー」、「疎外感」、「生き延びる」、「登場人物対社会」といった、生徒がこれから読む本に当てはまるようなコンセプトを使ってみましょう。

それぞれの生徒が、現在読んでいる小説に関連するコンセプトについてのノートを選びます。そのなかに彼らは、読んでいる小説とコンセプトがどのように結びついているのかについて説明するための書き込みを行うのです。

あなたが設定する目標に応じて、コンセプト・ブックへのさまざまな取り組み方が考えられま

(14)　二つという数にこだわりはありませんが、簡潔であること、十分に考えを込めることを満たすのにちょうどよい数だと考えます。その二点が満たされるのであれば、三つの文などにしてもよいでしょう。
(15)　三五ページの注(8)を参照してください。
(16)　大切な概念、考え、問題などのことです。日本では、この概念(コンセプト)があまり知られていません。それぞれの教科に固有のコンセプトがあるのではなく、一つのコンセプトはさまざまな切り口から見たり考えたりすることができます。より詳しくは『成績をハックする』の六三ページや『ようこそ、一人ひとりをいかす教室へ』を参照してください。
(17)　たとえば、「成長」、「感動」、「勇気」、「希望」、「生き方」、「やさしさ」、「発見」のように、これまで国語教育のなかで「主題」として捉えられてきたものをイメージするとよいでしょう。設定の仕方によっては、小学校から高校まで幅広く使えるアイディアとなります。

す。たとえば、火曜日に生徒全員がどれか一冊を選んで一五分間書き込めるようにしたり[18]、それぞれが週に一回、本を読む代わりにノートに書き込めるという選択肢を与えたり、あるいは課題が終わったらノートを手に取ることができるようにしたり、といった具合です。

書き込むとき、自分の名前は書いても書かなくてもいいですが、ページ番号と日付、本のタイトルを必ず記録するようにすれば、どの本のどの部分について書かれたのかが分かるようになります。また、そこに書かれたものや考え方を評価することができるようにもなります。

コンセプト・ブックの本当のインパクトは、それぞれの生徒に帰属しているのではなく、教室に帰属しているという事実から生じています。さらに、コンセプト・ブックは生徒間や教室間、または学年をまたいで共有されることになりますので、現在の生徒は文字によって未来の生徒とやり取りをすることになります[19]。

ということは、あるクラスの生徒が説明した小説について、ほかの人にとってもよかったと思えるものだったかどうかを確かめるために、別のクラスの生徒が書き込んだものを読むことができるということでもあります。

コンセプト・ブックは、生徒が考えたことについての貴重な記録になるだけでなく、教室の中で彼らが読んできた素晴らしい本の記録ともなるでしょう。

## ステップ2　ブックトークへの期待感を高める

三つの文のブックトークをすることに生徒が慣れてきたら、ブックトークの必須条件を拡大し、今度はそれを人前で話す能力の練習としたり、評価する機会として使います。生徒は一分間、もしくはあなたが適切だと判断した時間内で話すことができます。ブックトークをするための分かりやすい枠組みを与えるか、もしくは彼らが安心して取り組めるレベルに応じて、制限を設けることなく自由な形で行うこともできます。

私は、エリック・パルマーの「PVLEGS（ピーヴィーレッグス）法」[20]を、人前で話すことを教えたり、評価したりする際に使っています。パルマーは、態度（Poise）、声（Voice）、生き

(18)　全員が同時に書き込めるように、一つのコンセプトにつき数冊用意してもよいですし、書き込む時間を少しずつずらすといったことも考えられます。

(19)　最後の「学年をまたいで」は、異学年交流を行うという意味ではなく、前年の四年生の記録がその教室に残り続けるので新しい四年生はそれを読むことができるという意味です。教科書だけを教材と位置づけるのではなく、このような生徒同士がつくりだしたものも含めて教材／読み物として捉えるアプローチはとても重要です。この点については、『教科書をハックする』および『だれもが科学者になれる！』を参考にしてください。

(20)　（Erik Palmer）シカゴで証券会社の営業マンを務めたあと、教師を二〇年間経験し、現在は話し方、議論の仕方、説得の仕方などの能力向上を中心として教師を支援する教育コンサルタントとしての活動を行っています。

生き度（Life）、目線（Eye contact）、身ぶり（Gestures）、そして速さ（Speed）について生徒に教え、評価することを示しています。

こうした長めのブックトークによって、人前で話す際に生徒はどのような点をもっと練習する必要があるのかという情報を得ることができます。また、発表に焦点を当てることで生徒が自信と発表力を身につけ、ブックトークの質も高まるといった傾向が生まれます。一方、聞いている生徒は、話し手が上達するにつれて、ほぼ毎日紹介される「おすすめ本」のなかから新しく読みたい本をどんどん探したいと思うようになります。

## ステップ3　読書感想文にサヨナラして本の紹介文を工夫する

これまで、読みを評価するために「読書感想文を書かせる」といった伝統的な方法が使われてきましたが、読む文化に貢献する価値はかぎられたものでしかありません[21]。読書感想文の代わりに、中高の生徒には〈ニューヨークタイムス〉のようなウェブサイトや「YA Love Blog」（一三〇ページの**コラム**参照）をお手本にした本の書評や紹介文を書くように教えましょう[22]。

書評や紹介文を書いたあとは、生徒にそれをプリントアウトしてもらい、工作用紙や包装紙に貼りつけて本の横に展示してもらいます。そうすることで、ほかの生徒に対して「おすすめ本」の紹介ができるだけでなく、生徒が読んだ証拠を文字として残すことができます。

## ステップ４　生徒がデザインした評価を使う

一年を通して効果的な「足場をかけ続ける[23]」ことによって生徒をガイドしましょう。そうすることで、最終的には自分で読みの評価ができるほか、それをしっかりできるだけの力を身につけることになるでしょう。

生徒がブックトークや書評、紹介文などの成果物をつくりだそうとすることは、自分たちが読んだことや理解したことを明らかにする必要があるという、はっ

(21) そう言える理由の一つは、「読書感想文嫌い」が後を絶たないということが挙げられます。また、このあとに書いてあるような「書評」や「紹介文」に比べると、「本物の読む文化」に対する貢献度は低いということでしょう。その代表的なものとして、http://thegiverisreborn.blogspot.com/2020/06/blog-post_19.html があります。

(22) 翻訳協力者の一人が、「ステップ３」を読んで早速学校で試してくれました。生徒への「読書レポート」を改善して、本の「あとがき」やアマゾンのレビューを参考にして書評を書く方法に変えたところ、生徒の書く内容がずっとよくなったそうです。

(23) 「足場をかける」という語は、英語では scaffolding です。生徒が何かの課題に取り組むとき、一人で行うよりもほんの少し先に進めるような最小限の援助をすることです。

**訳者コラム● 書評サイト**

日本の場合、各新聞社がもっている書評サイトなどを利用することができます。本文に挙げられている「YA Love Blog」（https://yaloveblog.com）は、アメリカの国語教師であるサラ・アンダーソン先生によって運営されているヤングアダルト小説の紹介サイトです。小学生向けとしては、「Spaghetti Book Club」（https://www.spaghettibookclub.org）が参考になります。

日本には、朝日新聞社が運営している子ども向けの書評サイト「子どもの本棚」（https://book.asahi.com/series/11013792）がありますので、こちらも参考にしてください。

きりとした目的を生徒にもたせることになります。必要に応じて教師が達成基準を設定してもいいですし、クラスにおいてその基準を共同でつくることもできます。どちらの場合でも、次のような具体的な内容を使って、達成したとはどういう状態を指すのかについて明確に説明してください。

・登場人物について説明をしていますか？
・プロットはどうですか？
・テーマは何ですか？
・作家の文体については？

評価には、何かを書かせたり、口頭発表させたりすることも含まれます。たとえ学科長や校長、教育委員会が特定の数もしくは特定の読みの評価を義務づけている場合であっても、生徒がそれらを踏まえながら評価を自由に設計して実施できるようにすることで（両者のニーズと思惑を満たす形で）、創造性と調和を確保することができます。

## 課題を乗り越える

教育において、評価は大きな反響を呼ぶ重要な問題であり、校長や同僚たちは、従来とは異なる形で読むことの指導をする際、「評価はどうするのか？」と指摘する可能性があります。状況に応じて評価ができるよう、適切に備えておきましょう。

### 課題1　ここで紹介されたような評価は正しいデータを提供しません

もし、あなたが生徒を「本当に」評価したなら、彼らはブックトークや紹介文のように、読むこと、書くこと、そして話すことにおける自らの成長を形にして的確に残します。もちろん、生徒と教師には、時間をかけて成長がモニターできるように、彼らのつくった成果物について記録をとる責任が生まれます。

生徒の成果物から具体的な証拠を提示することで従来の評価とは別の方法を採用すれば、生徒の成長をただ運に任せただけ、という誤解を払拭することになります。学年のさまざまな時期に

### 訳者コラム● 評価＝見取り？

評価への理解と実践が見事に欠落している問題が日本には存在し続けていますから、重要な問題以上です！　その結果が大学入試改革に典型的に現れています。いったい、試験／テストによって人の能力の何割ぐらいを測れると思っているのでしょうか？　評価の役割は何だと思っているのでしょうか？

訳者の一人（吉田）が日本で初めてリーディング・ワークショップを紹介した際に教師たちから尋ねられた質問の一つが、「見取りはどうするのですか？」でした。リーディング・ワークショップやライティング・ワークショップは、その見取りをほぼ完ぺきに行っていることが最大の特徴なので、逆に「通常の国語の授業では、どのような見取りをしていますか？」と質問したところ、答えられた教師は一人もいませんでした。

その後、この質問をすべての教科の教師にしていますが、納得する答えはまだ得られていません。このテーマに関しては、『一人ひとりをいかす評価』、『成績をハックする』、そして『イン・ザ・ミドル』の第８章などが参考となります。文部科学省が20年前に言いだした、「指導と評価の一体化」を実現する具体的な方法が書かれています。

読んだ本について生徒が書いたものを評価することで、その生徒の思考と文章が次第に洗練されたものになっていることが明らかになるでしょう。

生徒が書いたものから取りだした証拠と、あなたのカンファランスの記録や生徒のブックトークの記録、生徒自身の自己評価などを結びつけると、あなたの評価に正当性があることを簡単に証明することができます。このデータを成績簿の数字と比べてみましょう。後者からは、一年を通して着実に上昇している平均点が見つかるかもしれませんが、その平均点が表していることにはまったく意味がありません。

加速度リーダー[24]や読みの標準テストのような伝統的な試験を年間のどこかで実施するように求められる場合は、生徒のパフォーマンスを垣間見る一連の評価手段の一つとして捉えればよいのです。[25]

## 課題２　すべての証拠を続けて記録することはできません

ディジタルツールのおかげで、これまでよりも簡単にデータを集めることができるようになりました。私の生徒は、すべての成果物をグーグル・ドライブ[26]に保存しています。たとえコンセプト・ブックのような紙に書いたとしても、もしくは小説について話したことを音声に録音したり

---

(24)（Accelerated Reader）アメリカの学校において読むことの授業を支援したり、生徒の読みを評価したりするツールが備えられた、コンピューターによる英語多読プログラムのことです。文章を読んだあとにその理解度を測ることを目的として、本の内容理解と語彙に関する設問に答えるようになっています。

(25) あくまでも、そのレベルです。必要以上にテストの点数を過大に捉えることは、弊害こそあれよいことはありません。なんといっても、テストの問題をつくっている人たちは、あなたの目の前にいる生徒のことをまったく知らないのですから。

(26) グーグル社によるオンラインのストレージサービスです。クラウド上にフォルダをつくり、そこにグーグル・ドキュメント（三五ページの注６を参照）などのファイルを保存することができます。

しても、写真に撮ったり、リンクを共有したりして、グーグル・ドライブのなかに作品ファイルをアップロードしています。

蓄積されたファイルは、生徒が作業をどこからはじめてどこまで終わったのかについて正確にたどれるポートフォリオとなります。もはや、選択式の小テストを解釈したり、ルーブリックを詳しく分析したりすることも必要ないのです。生徒がつくったものが収められているポートフォリオは、すべての関係者がいつでも見られるものとして存在しているのです。

## 課題3 生徒は、自分がクラスのどこに位置づいているのかについて知る必要があります

フィードバックは、評価プロセスにおいて必要不可欠となる要素の一つです。小テストや試験に代えて生徒が話したり書いたりする機会をたくさん設ければ、生徒だけでなく、保護者や管理職に対して生徒のパフォーマンスを報告することにもなります。よい評価とは、生徒が本を読んだ反応としてつくった成果物を修正したり、今後に向けて改善したりするために使うことのできる、具体的で目的のはっきりしたフィードバックを提供することなのです。

関係者に生徒のパフォーマンスを知らせ続けることは、単なる数字、もしくは文字の成績を提供することよりも多くの意味をもっています。(27)

教師のなかには、本物の評価をすることで、オンラインの成績簿(28)にデータを入力しなくてもよ

いと考える人がいるかもしれません。しかし私は、オンラインの成績簿を頻繁に活用して、生徒の進捗状況について解説つきの文書で報告することをおすすめします。生徒が読んだ本に対する反応としてつくったポートフォリオを、教師からの継続的なフィードバックの記録とセットにすることで、とてもバランスのとれた成長過程を示すことができるからです。

生徒、保護者、そして管理職は、それらの作品のサンプルとそれに関連するフィードバックを検討することで、対象となる生徒の読むスキルを明らかにすることができます。

## 課題４　こうした評価は大切な試験の準備になりません

教師が提供することのできるもっとも価値あるテスト対策といえば、生徒の読む習慣を築くことです。本を読む量が多い生徒ほど、標準テストでもよい成績をとっているのです。[29] 読む

---

(27)　小テストや試験の結果を知らされて、さらに努力をしようとする生徒はいったいどれくらいいるのでしょうか？　ここに、テストや試験や成績が修正したり、改善したりするためのフィードバック（評価）の媒体としてはまったく不適切であるという理由があります。「評定」という機能だけはもっているかもしれませんが、人の能力を測るうえにおいてはごくわずかなものでしかありません。

(28)　一人ひとりの生徒の成績や学習状況について知らせるため、保護者などとオンラインで共有する成績簿のことです。日本では紙の通知表が家庭にわたされるというのが一般的ですが、アメリカではオンラインで情報を共有することになっています。ここでは、家庭と共有する成績（学習状況）のことを指していると捉えてください。

ことは、生徒が「振り分け機能」をもつ試験(30)においてよい結果をもたらす語彙や理解力、そしてスタミナをつけて継続的な成功を収めるための投資となります。

このように、標準テストにおいてよい点をとるためには読む文化を築くことが最良の準備となるわけですが、それに対して、テスト対策ばかりを行っていても読む文化を促進することにはなりません。

## 課題5　生徒は文学分析の方法を学ぶ必要があります

「生徒にもっと読むことと本当の評価に取り組ませたいのだが、型どおりの文学分析(31)を教えなければならないので時間がない」と嘆く教師の声を時々耳にします。こうした声の裏側には、生徒がほかの生徒など目の前にいる聴衆に向けて読んだ本や文章について書いたり話したりしているときは、その本や文章の分析などをしていないという思いがあるように感じられます。

しかし、それは誤解です。生徒は、ブックトークをしているときでも、本の紹介文を書いているときでも、コンセプト・ブックを書いているときでも、自らの考えに関する証拠を示すことができますし、作家の文体や文章のジャンル、小説のテーマについてよく考えられたコメントをすることができるのです。

教師の指導や期待のほうが、どのような評価を行うかよりも生徒の思考レベルに大きな影響を与えることになります。実際、ある活動に熱中して取り組んでいれば、文学分析の基盤となる、より高いレベルの思考に没頭する傾向が強いのです。

## ハックが実際に行われている事例

「生徒に選択肢を与えると、生徒同士で学び合うことができるようになります。彼らに選ぶ自由を与えたら、彼らはこんなこともできるのかとあなたは驚くことになるでしょう」

このように話したのは、ロング・アイランドにあるベイ・ショア中学校で国語教師をしているジェリリン・レッシング先生[32]です。

---

(29) 八三〜八四ページを参照してください。

(30) 入試や検定試験のような、大規模テストや定期試験などの評定を決定するテストのことを指します。三ページの注（４）も参照してください。

(31) アメリカの読むことの授業では、文学分析がとても重要視されています。本や文章の構造、物語における対立や設定、テーマなどを分析します。もっと具体的には、スキルと方法についてのコラム（八〇ページ）を参照してください。

レッシング先生の生徒は、授業時間（四〇分間）の最初の一〇分間を使っていつも本を読んでいます。彼女はカンファランスやジャーナル[33]、生徒がつくった評価を使うという考えに賛同しており、リーディング・ログをやめました[34]。

「私をリーディング・ワークショップに立ち戻らせたのは私の息子でした。昨年、息子はこのリーディング・ログを学校でもらったのですが……彼は本を読みたがりませんでした。仕方なく、息子の代わりに私が書き込んだりもしましたが、それでも彼の読みたい気持ちが高まることはありませんでした。ですから、今年息子がリーディング・ログを持って帰ってきたときに私は、『彼は、毎晩きちんと本を読んでいます。私たち夫婦は、本を読んでいる彼のそばにいるだけです』と、担任へのメッセージとしてリーディング・ログに書き込みました[35]」

息子の教育に携わってきた経験を振り返ってレッシング先生は、生徒が本当に自分の読んだことについて理解したことを示すなら、どんな方法を使ってもよいということにしました。その指導内容は、「週に一回、読んだ本について理解したことを示す何かを提出しなさい」というとてもシンプルなものでした。

「読んだことを示したり、証明したりするために、生徒が複雑で大変なことをする必要はありません」と、レッシング先生は説明しています。本について、一段落書いただけという生徒もいましたが、創造性に富んだ独自のプロジェクトに熱心に取り組む生徒もいました。多くの生徒が、私に手紙を書いてくれたのです。

「これは、私がこれまでにまったく思いつかなかったものでした」

このようなオープンエンドの評価にはどのような足場が必要なのだろうか、と疑問に思う教師がいるかもしれません。たとえば、「はっきりとした方向性が提供されずに、迷子になってしまった生徒はどうするのですか？」といった疑問です。

「私は、生徒が使える用紙も用意しています。使うかどうかは彼ら次第です。彼らは自分が考えたことをすることもできますし、用意された用紙を使うこともできるのです」

---

(32)（Gerilyn Lessing）ツイッター（@gless54）やインスタグラム（mrs.lessing）でも日々の教育活動について発信を行っています。これと同じ主張のもとに書かれた本が『教育のプロがすすめる選択する学び』であり、それを読みの分野で実践しているのがリーディングワークショップ（読書家の時間）です。

(33) 八七ページの注（31）を参照してください。

(34) 三四〜三五ページを参照してください。

(35) つまりレッシング先生は、レッシング先生の息子さんにとってリーディング・ログを書くことそのものがプレッシャーになっていたために本を読みたい気持ちが削がれていたのではないかと考えたのです。息子が本を読むことに関してはこちらで支援するので、リーディング・ログをやめてほしいというメッセージを担任に対して送ったのかもしれません。

フィルム・ストリップ[36]やチャット、インスタグラムの投稿などといったメディアに似た形式も使えますし、従来のような、本の要約や登場人物の説明を書くための用紙も使えるようにしておきます。

「これらの形式や用紙を見て、生徒は何をしようかと自らのアイディアを思い浮かべはじめるのです。なかには、それらのアイディアを取り入れて、オリジナルなものをつくりだす生徒もいます。また、枠組みを必要とする生徒もいますので、それが提供されています。一方、自分で挑戦したい生徒は、新しい方法を自分で考えだすこともできるのです」と、レッシング先生は説明しています[37]。

レッシング先生と生徒は、読むことに価値が置かれた文化を協力してつくりあげてきました。

「彼らは、自分が読んでいる本や学んだことについて聞かれることが大好きです。彼らは、何に興味をもっているのかについてお互いに知っています。ある生徒はファンタジーの本が好きで、『セレクション』シリーズ[38]をすべて読んでいます。一方、こっちの生徒はグラフィックノベルを好んで読んでいます。彼らはみんな、お互いに好みを知っているのです。なぜなら、彼らは自分が読んでいる本について話をしていますし、読んだ反応としてつくりだしたものがいつでも見られるようになっているからです」

レッシング先生は、本を読んだ反応として生徒がつくったものを教室全体に掲示しています。「私の教室全体が、彼らの写真や詩、絵など、読んだ本の成果で埋め尽くされています」

また彼女は、ブックトークを使うことが生徒の読む行為を評価し、自分たちが読んだ成果についての会話に引き込ませるための方法であるとも思っています。

「火曜日はブックトークの日です。木曜日はジャーナルをつける日です。月曜日、水曜日、金曜日には、私は生徒とカンファランスを行っています。もちろん、生徒と一緒に本を読む日もあります」

こうした評価は、生徒が読んでいる本についても明確なイメージをレッシング先生に教えてくれることになります。

「私は約一四〇人の生徒を受け持っています[39]が、それぞれの生徒が何を読んでいるのかについて、あなたに伝えることができると思いますよ」

(36)　映像を細切れにしたサムネイル一覧のことです。

(37)　つまり、自分の理解を示す方法を選択する権利を生徒に譲りわたすことを意味します。日本の生徒の場合、こうした方法をすぐに思いつくことはないでしょうから、教師側からいくつかの例を最初に示して、それに応じて提出されたものを生徒が見られるようにしていけば、自分にとってやりやすい方法を見いだしていくはずです。

(38)　(The Selection) キエラ・キャスによる全五巻のヤングアダルト小説です。

彼女は、チェック（✓）かチェックプラス（✓＋）で評定を行っています。

「生徒にとって、成績が紙に書いてあるかどうかは関係ないのです。彼らは、私との会話から多くのフィードバックをすでに受け取っていますから、私が彼らの成果を大切にしていることを知っているのです」

レッシング先生が、本物の評価を読む文化の一部にしてきたことを証明するものは何でしょうか？　生徒は、レッシング先生が教室にいないときでさえ、自分たちがやるべきことを続けています。

「先週、私は会議に行かなければならない日があったのですが、生徒は日課になっているブックトークをして、その写真を撮っていました。代行教師がいたときでさえ、生徒は授業を引き継いで、きちんとやってくれていたのです[40]」

あなたの教室が読む文化に浸りはじめると、評価は生徒の読む体験を台無しにするものではなく、さらに高めてくれるものになります。生徒が自分の文章に反応したり、お互いに反応しあったりする評価をデザインしましょう。生徒自らが創造性を発揮して、読んだ本から学んだことを

示せる機会を提供しましょう。(41)

---

(39) 翻訳協力者から、「これこそ本物の評価であり、これができているから一人ひとりの次のステップや『おすすめ本』を提示したり、必要なことを教えたりすることができます」という肯定的なコメントをもらいました。

(40) 「ほぼすべての先生が目指したい生徒の姿だ」というコメントを翻訳協力者からいただきました。

(41) 「ここまで、ずっと評価について考えながら読みました。評価の実例（生徒が書いたもの、それを教師が評価したもの、実物）があればもっと分かりやすいと思いました」というコメントを翻訳協力者からいただきました。本書では提供されていませんが、評価の具体的な実例をお望みの方は『イン・ザ・ミドル』（とくに第八章）をご覧ください。

ハック
5

# 読むことを
# 学校の中心に据える

最初のフォロワーが、
一人ぼっちの変わり者をリーダーにする。
(デレク・シヴァーズ)*



(*) (Derek Sivers) アメリカの作家、ミュージシャン、プログラマー、起業家であり、独立系ミュージシャン向けのオンライン CD ストアである「CD Baby」の創設者です。引用をテーマにした、3分間の TED トークが見られます。https://digitalcast.jp/v/12412/

## 問題――読むこととほかのことが関連していない

あなたのクラスで取り組むよりは難しいことになりますが、学校レベルで読む文化をハックするという目標、つまり重要な最後のステップについて本章で詳しく考察していきます。

本を読まない生徒を本好きに変えるためには、粘り強さと熱心さが必要となります。毎年、自分のクラスで読む文化をつくっていますが、生徒が家で本を読み終えたり、これまでよりもたくさんの本を読んだり、クラスメイトと読んでいる本について話し合ったりするといった小さな喜びを実感しています。それが、ブックトークをする、生徒とカンファランスをする、読むことに気乗りしない生徒が好きになれるような本を見つけるための手助けをする、といったことの動機づけになっています。

こうして、クラスの生徒の読むスキルや楽しみが次第に増していったのですが、その生徒が私のクラスを離れると、彼らの達成したことが無駄になってしまうのではないかという心配もありました。

本書で紹介したほかのハックからも分かるように、読む文化をつくるために必要な行動はシンプルなものですが、生涯にわたって読む人を育てようとするならば読むことが習慣にならなければばなりません。毎年、生徒が読む文化に浸り続け、一つや二つのクラスだけでなく、学校全体で読む文化を築いている場合にこそ、読むことに対する指導は最大の効果を発揮するのです。

　これこそが、学校で読む文化をハックする本当の目的です。読むことが毎日の学校生活に組み込まれたなら、それは間違いなく生徒のアイデンティティーにおける一部分となります。

　学校規模で読む文化を築きはじめるときの障壁は、教師たちが自分のクラスのことに精いっぱいで、それ以外のことを考える余裕がないという現状です。ほかの教師に対する指導的な役割と担任教師という役割をもっている教師はわずかで、多くの教師が自分のアイディアや実践を同僚と交換するという機会をもっていません[1]。

　一人の教師がせっかくよい読む文化をつくっても、ほかの教師は読む気も失せる砂漠のようなところで生徒に教えているのです。この違いは、教師同士がお互いの実践を知らないために生じています。なかには、クラスで読む文化を促進するさまざまな実践を知っている教師もいるでし

（1）その理由としては、教師が継続的に学び続ける必要性や、それを可能にするための仕組みや体制が極めて脆弱であるという背景があります。校内研修や研究授業などは行われますが、それらがプラスに機能している学校を探すのが極めて困難な状態がすでに何十年も続いています。教師がプロとして継続的に学び続けることをテーマにして一〇年近く続いているブログがありますので、参考にしてください。http://projectbetterschool.blogspot.com/

ょうが、まったく知らない教師がいるというのが実情です。(2) しかし、このような一貫性のなさゆえに、学校生活やアイデンティティーのなかに読むことをしっかり位置づけるという目標が見失われています。

## ハック――読むことを学校の中心に据える

自分の教室に閉じこもるのではなくて、学校中（さらには学校外も）で読むことを推進するために、あらゆる努力をしましょう。同僚と生徒に、自分が暮らしのなかでどのように読んでいるのかについて、学校にかかわっているすべての人に紹介してもらうのです。生徒がお互いに、あるいは教師と一緒になって好きな本について語り合うというイベントを行いましょう。また、食事をしながら本について語り合うといった機会も設定して、読むことを社交的なものにしましょう。(3)

何か特典を与えるためではなく、本そのものを特典にした楽しいイベントも企画しましょう。多くの人に対して、読むことをほめ称えましょう。より多くの人に受け入れてもらえるようにすることで、読むことの社会的地位が向上していきます。読むことを、ちょっとオシャレで、やってみたくなるような行為にしていきましょう。読むことに対するプラスのイメージと読む習慣をあなたの学校に導入すれば、生徒は読む文化に浸るようになります。

## あなたが明日にでもできること

### 学校司書と読む文化について話し合う

学校図書館と学校司書は、学校レベルでの読む文化を構築するうえにおいてとても大切な支援をもたらしてくれます。あなたのクラスでつくろうとしている読む文化について学校司書と語り合ったり、読む文化を学校全体に広げていきたいという希望について話し合ったりするのです。生徒に読むことを促すためにどのような構想をもっているのかと学校司書に尋ね、それを実現するための協力を申し出るのです。

おそらく、あなたが生徒や同僚に紹介したくなる、新しい本を図書館では取り揃えていること

---

（２）『「学校」をハックする』には、同僚同士がつながることで学校がよくなる方法が多数紹介されています。

（３）その意味では、ブッククラブやビブリオバトルなどもおすすめです。

でしょう。また、図書館が企画しているイベントを生徒に紹介することもできるでしょう。さらにあなたは、図書館を読みに行きたくなるような魅力的な空間にするためのアイディアをもっているかもしれません。もし、学校司書がいろいろな提案を受け入れるような人なら、図書館を学校規模の読む文化の拠点にしていこうというあなたのアイディアを共有することでしょう。

複雑な取り組みはすべてそうなのですが、学校に読む文化を構築することも一日で達成できることではありません。しかし、対話をはじめることが第一歩となります。何しろあなたは、学校に読む文化を根づかせるための同志を確実に見つけることができたのですから。(4)

## 教室のドアに、生徒の本の推薦コピーを掲示する

生徒の多くは、ほかのクラスのことに興味をもっているものです。それを利用して、ほかのクラスにも本の情報を発信していきましょう。最近読み終えた本のタイトルを思い出してもらいましょう。フィクション、ノンフィクションを問わず、本の背表紙や帯に書かれている推薦文(5)を生徒に見せてあげれば、読者の思いをうまく伝える短い言葉といったものがどういうものなのかということに関してイメージできるようになります。

紙をわたして、その上のほうに、名前と読んだ本のタイトルと著者名を書いてもらいます。その下に、自分の読書体験を集約した一文コメントを書くのです。そして、クラスのドアに、その

短いブックレビューを貼りだすのです。こうすれば、学校の全生徒が、あなたのクラスには熱心な読書家がいっぱいいると思うはずです。(6)

こうしたレビューがきっかけとなって、あなたのクラスの生徒同士、またはその友だち同士で本についての話し合いがはじまり、同僚の教師も、あなたのクラスで生まれつつある読む文化に注目することでしょう。

## SNSを使って、生徒が読んでいる様子を発信する

クラスのツイッターやフェイスブック、「読書メーター」(7)、その他のＳＮＳコミュニティーがあるのなら、生徒が読ん

---

(4)　学校図書館および学校司書との協働について詳しくは、『学校図書館をハックする』を参照してください。

(5)　日本の場合は、帯に紹介文が書かれていることが多いです。

(6)　これに似たものですが、教室の廊下側の壁を使った実践が『読書家の時間』の一三六ページに紹介されています。また、「第7章　友達同士で読む」では、友達と一緒に読むほかの方法も紹介されています。

(7)　三一ページの**コラム**を参照してください。

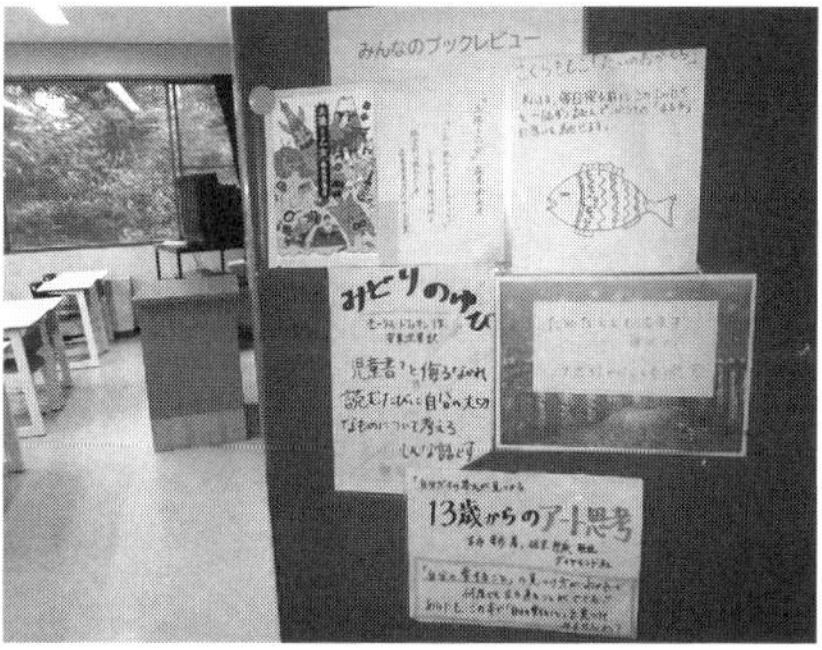


ドアに貼られたブックレビュー（写真提供：山元隆春）

でいる様子を公開しましょう。私は、生徒がブログに書いたレビューに本の著者に関する説明を加えて、ツイッターで共有することでこの実践をはじめました。投稿するときには、生徒が読んだ本の表紙を並べて写真に撮り、次のように書くとよいでしょう。

「マリアは、今学期に五冊も本を読み終えました！」

こうした投稿に、生徒の写真や名前を出す必要はありません（いや、出してはいけないのです[8]。しかし、生徒が成し遂げたことを、ＳＮＳを通して同僚、職員、保護者とシェアすることができれば彼らの努力をさらに促すことができますし、あなたのリーダーシップのもと、読む文化が育ちつつあるという証拠を見せることにもなります。

## 完全実施に向けての青写真

### ステップ1　あなたの読む実践を学校内のほかのスペースに拡大する

あなたが何をしようとしているのか、読むこととの改革とはどういうものかを同僚たちが正確に理解できれば、読む文化を改革しようとするあなたの努力を彼らは進んでサポートすることになるでしょう。学校図書館や共有スペースといった場所でブックトークをしたり、三九ページで紹介した「ブックパス」をすることで、読む文化のモデルを実際に示すのです。教職員も生徒も、これらの活動によって読むことへの興味関心が喚起され、読むことの意義について考える機会や効果的な読む指導について話しはじめるきっかけとなるでしょう。

## ステップ2　日々の読む生活をお互いに共有する

読む文化を学校全体に広げていく一つの方法は、学校コミュニティー(9)に対して、生徒がお気に入りとしている本を紹介するという機会を提供することです。これによって、生徒にとっては読むことが日常的な活動となりますし、自分のお気に入りの本についてお互いに語り合えることにもなります。

そのための方法として、生徒がお気に入りの本について短い推薦文を書き、図書コーナーのそばに、付箋などを使ってその推薦文を貼りつけるというのがよいでしょう。生徒は、自分のレビ

(8)　日本では、フルネームでないとしても個人名を出してはいけません。また、名前を出さないにしても、必ず生徒から承諾を得る必要があります。

(9)　学校コミュニティーは、主には日々学校にかかわる生徒と教職員を指しますが、広義には保護者や地域の住民、地域に根差す企業や施設なども含まれます。

ユーを実際に読んでくれる人が身近にいることを意識するようになりますし、学校図書館でも、本についてのこうした推薦文がとても役に立ちます。

## ステップ3　本を読むことそのものが特典になるようにする

学校規模で読む文化を構築するプログラムのなかには、特典を与えることで生徒がもっと読むように動機づけるものがあります。一か月に一定の冊数を読んだらピザパーティーをするとか、生徒の読む量にあわせてステッカーや鉛筆をプレゼントするといったものです。

このようにすれば、短期的にはたくさんの本を読むようになるかもしれませんが、特典がなくなった途端、本への関心が消えてしまうこともあります。特典がなければ生徒は読みはじめないと考えるのでなく、読むことそのものへの興味関心に火をつけるのです。本を読むこと、それ自体を特典にしましょう。

本を贈る活動を計画しましょう。生徒が活動を楽しんだ結果として、本を特典として受け取るのです。長期休暇の前に学校全体で「本の交換日」を設定して、お気に入りの本を生徒の家から持ってきてもらい、贈り物のようにきれいにラッピングして図書館や共有スペースで本の交換会を開くのです。

贈った人と受け取った人は、その後、時間を見つけて会い、その本について話し合います。贈られた本はそのまま持っていってもよいのか、それとも元の持ち主に返すのかについては各自が決めればよいでしょう。

また、成績優秀者やその他の学校表彰の際に表彰状をわたすようなことをやめて、本を特典としてプレゼントするのです。特典として面白い本をシェアすることで大人が本に価値を見いだしていることを示せば、生徒も本そのものに価値を見いだすようになるでしょう。

## ステップ４　「文学ランチ」を開く

同僚たちに声をかけて、ランチタイムにブッククラブに参加できる生徒を推薦してもらいましょう。当日までに参加する生徒と教職員が読んでこられるような興味深い本を選びます。普段のランチタイムに、図書館のような共有スペースでブッククラブを行うのです。もし、家庭科の授業から協力が得られるなら、ランチの準備も生徒に手伝ってもらいましょう。別に特別な料理でなくてもよいのです。(10) もちろん、生徒は自分のお弁当を食べてもいいですし、学食で食べ物を買ってきてもいいのです。

---

(10)　いわゆる「給食」は欧米の学校にはありません。ランチは買って食べるか、サンドイッチなどを持っていきます。食べるところはカフェテリアやランチルーム、校庭などで、教室の中は除かれている場合がほとんどです。

教師や友だちと一冊の本について話し合うといった活動に参加してみると、読むことについての考え方が、生涯にわたって読む、自立した読書家のものに変わっていきます。読むことは、人生のあらゆるステージで考え方を広げたり、面白い物語やアイディアについて、ほかの人との話し合いに没頭できるという一つの方法となります。

## ステップ5　校内放送で読んだ成果を放送する

生徒が本を読み終えたら、その本のタイトルと生徒の名前を集めます。その一つ一つについて、読んだ生徒の名前、本のタイトル、そして表紙写真を入れたパワーポイントかグーグル・スライド[11]をつくりましょう。

たとえば、「ジェイン・ドーさんは『ハンガー・ゲーム』を読んだ」というキャプションを入れて、オーディオ係やビデオ係に依頼したり、校内放送を担当している人に依頼して、放送の空き時間にあなたのつくったスライドを流してもらうのです。

生徒は、自分の読んだ成果が学校のコミュニティーで共有されていることを知って喜ぶでしょう。読んだ成果のなかからよいところを強調して、讃えながら読むことを学校全体に見えるようにしていきましょう。

## ステップ6　ブックパーティーの計画と実施に同僚たちを巻き込む

一つの文化を持続させるためには、文化の構成員全員が共通認識をもっていなければなりません。たった一人のリーダーが変化を引き起こすこともあるでしょうが、その変化が既存の文化に受け入れられるためには、ほかの人々も協力をしなくてはなりません。同僚や管理職を巻き込んで、学校で自分たちのブックパーティー(12)を開催しましょう。

まずは、誰か一人に「一緒にイベントをやらないか」と声をかけたり、ブックパーティーについて意見を求めたり、ほかの人が立てている計画を手助けすることからはじめてみましょう。そして、これから先も学校でブックパーティーを計画し、実行するように求めましょう。(13)ほかの人を巻き込むことによって、読む文化があなたの学校に定着することが期待できるでしょう。

---

(11)　グーグル社のプレゼンテーション作成サービスです。二五ページや一三三ページを参照してください。

(12)　ブックパーティーとは、本のキャラクターのパレードをしたり、本を使った宝探しやゲームなどのアクティビティー、読書コンテストなどを催したり、学校に泊まり込んで夜通し本を読んだりして、本を読むことを大々的にお祝いするパーティーのことです。

(13)　『学校図書館をハックする』には、「図書館祭り」の具体的な仕方が紹介されています。目的は同じですから、学校司書と相談して協力して行えればインパクトは増大するでしょう。

## 課題を乗り越える

### 課題1 ブックパーティーは図書館の雰囲気を壊してしまう

もし、騒がしさが問題になるようであれば、図書館では黙って本選びをするように指導するか、図書館の入り口になにがしかの看板を掲示して、図書館で少し騒がしくなるイベントが開催されるというお知らせをメールで発信すれば、注意喚起を促すことができるでしょう。その際には、全員が積極的に参加してほしいということも伝えましょう。

さらに、もし図書館を使用することに問題があるのなら、教師たちをあなたの教室に招いて、あなた自身がどんなふうにみんなで本選びとブックトークをしているのか見てもらいましょう。あるいは、廊下で行うというのもよいかもしれません。

### 課題2 学校司書がクラスのプロジェクトに興味を示さない

もし、学校司書が図書館のそばに生徒のブックレビューを貼りつけるプロジェクトに対して協力できないと言ってきたら、別の案を考えましょう。図書館以外のほかのスペースか、ディジタル空間に、生徒が読んだ本に対する反応をどのように展示できるのかについてブレインストーミングをしましょう。

校長室や職員室に、実物の本と生徒のブックレビューを展示するというのはどうでしょうか？　カフェテリアの壁や、会計を済ませるレジ脇に、生徒のブックレビューをラミネート装幀して貼りだすのはどうでしょうか？　ＱＲコードをつけて生徒のレビューが読めるようにしたり、それを学校新聞に掲載するといったことも考えられます。

### 課題3　出席者が少なすぎたり多すぎたりすることに文句を言う人がいる

広報をあまりしないと参加者が少なくなってしまいます。一方、参加者が多くなりすぎると、本当は参加したくないのに仕方なく来ているという人が増えるといった恐れが出てきます。最悪の場合、授業から逃れるための口実に使われてしまうかもしれません。

この二つの問題を解決する方法は同じです。同僚たちに、参加する生徒を選んでもらうのです。かぎられた座席しかありませんからイベントは特別なものになります。同僚の教師に対しては、このイベント

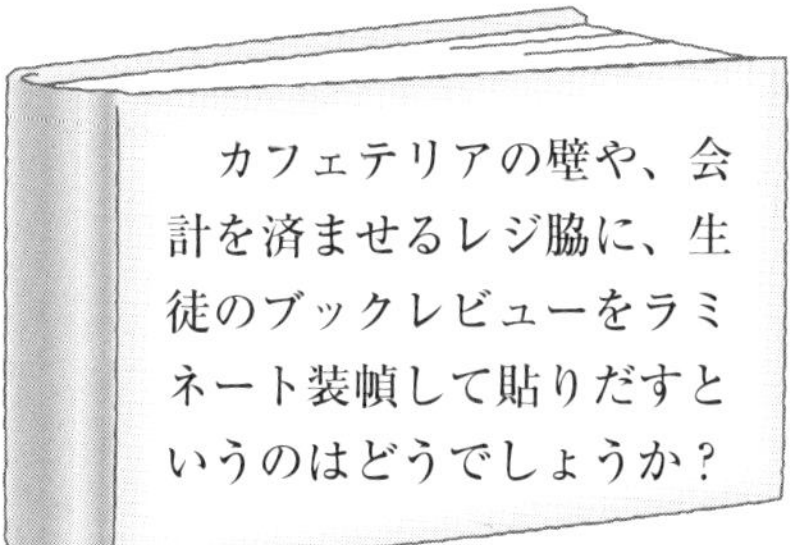
カフェテリアの壁や、会計を済ませるレジ脇に、生徒のブックレビューをラミネート装幀して貼りだすというのはどうでしょうか？

を楽しみ、しっかりと取り組み、そこから多くのことを獲得してくれるであろう生徒を選ぶといった力を与えることになります。

### 課題4　学校の共有スペースでテレビを見てはいけない[14]

この場合、ブックパーティーの案内は紙で伝えましょう。大きめのポスターを使って、パーティーのポスターをつくりましょう。生徒は色とりどりのマーカーを使って名前を書くほか、読み終えた本のタイトルを書きます。ポスターのデザインを工夫して、生徒の読んだ成果がよく分かるようにしましょう。

## ハックが実際に行われている事例

ここでは、二つのストーリーを紹介します。いずれも私の出身地であるニュージャージー州でのものです。これらの事例は、本章で紹介している多彩な方法がいかに学校での読む文化に焦点が当てられており、役立っているのかについて示してくれています。

## パート1　エイミー・ガザーレ先生のストーリー

エイミー・ガザーレ先生はニュージャージー州にあるハイツタウン高校の学校司書で、教職員を集めて日々の読む生活をお互いに紹介しあい、読む文化を促進するために学校図書館を改善してきました。

ガザーレ先生が行った改善の一つは、読むことに対する彼女の向きあい方をはっきりと表しています。彼女は、生徒を迎え入れるスペースをつくりだすために、ドアの近くに設置されていたアラーム装置を取り除きました。それまでは、貸出処理の済んでいない本を生徒が持ちだそうとしたときにはアラームが鳴るという仕掛けになっていました。このアラーム装置の撤去は、学校生活のなかで本がどういう意味において重要なのかについて賢明に判断した結果です。

「セキュリティゲートを通って図書館に入ることは、誰もが入れるような安全なスペースだというメッセージを発していることになりません。生徒が本を盗むことはない、と私は思っています。図書館の本は生徒に開放されているのですから。とはいえ、実際に本を盗む生徒が何人かいるの

(14)　日本の学校では、共有スペースにテレビが置いてあることはまずありませんので問題にならないでしょう。テレビにかぎらず、学校の共有スペースを使う場合は、ほかの生徒に理解をしてもらわなければなりません。たとえば、放課後に部活動で使用するかもしれません。その場合は、部活の顧問などと話し合う必要があります。

も事実です。それは、私より彼らのほうがその本を必要としていたという証明になります」と、ガザーレ先生は説明してくれました。

ガザーレ先生は、図書館を生徒が本を見つけるとても居心地のよいスペースにするだけでなく、教職員に対しても、暮らしのなかで読むことの位置づけを共有してもらうことによって読む文化を促進してきました。二〇一五年度の初め、各教師が今読んでいる本を共有するための、ドアに掛ける掲示板を受け取りました。たとえば、本書の筆者である私のドアには、「ドーソン先生は〇〇〇〇〇を読んでいます」と、タイトルを書き込むための空欄が設けられていました。

ガザーレ先生は、このような掲示板が生徒と教師、および教師同士を結びつけるのに役立つと考えたのです。「今読んでいる本の掲示」は、学校図書館と英語（国語）の授業以外のところで、読むことに関する会話を広げようとするものなのです。

「私は生徒に、宿題として読むのではなく、習慣として読むことを考えてもらいたかったのです。そして、校舎のなかにいる誰かとの共通点を見つけてほしかったのです」

生徒が学校図書館から本を借りるとき、「この本は、〇〇先生の掲示板に書かれていたものだよ」とガザーレ先生に伝えてくれることもしばしばあると言います。ドアに掲示されている教師たちの選書は、授業では滅多に紹介されません。理科の先生が古典文学を読んでいたり、歴史の先生がＳＦ小説を読んでいたり、英語や外国語の先生が歴史小説を読んでいたりするのです。

　ガザーレ先生は、読む文化を学校全体に広げるために学校図書館の壁を「取り壊した」と言えます。彼女は、教師たちからリクエストされたテーマに基づいた本や文章、そして新しく図書館に届いたばかりの本を紹介する「出張ブックトーク」を行うためにクラスへ足を運んでいます。また、「おすすめ本」を紹介してほしいけれど、図書館に行って探すだけの余裕がない教師のために、テーマごとに分類された「ニュースレター」を毎月発行しています。

　さらに彼女は、クディッシ先生と連携して、教師のブッククラブを立ちあげました。これは、この学校がはじまって以来のことでした。やり方はシンプルですが、効果は抜群です。二か月に一度、教師と管理職が集まって同じ本を読んで話し合うのです。一緒に読む本は、ヤングアダルト小説でもよいし、ヤングアダルト向けのノンフィクションでもよいのですが、生徒の興味関心を惹くことになる本、ということが条件になっています。

## パート２　スティーブ・ファーガソン先生とクリスティーヌ・フィン先生のストーリー

　スティーブ・ファーガソン先生は、ニュージャージー州エッグ・ハーバー市にあるシーダー・クリーク高校の国語教師で、クリスティーヌ・フィン先生は同じ高校のメディア・スペシャリスト(15)です。彼らはともに、ブックパーティーやコミュニケーションを通して学校レベルで読む文化をつくってきました。

ファーガソン先生とフィン先生は、ツイッターで「#PiratesRead」というハッシュタグをつくって[16]、生徒と教師たちが本について会話をしたり、作家たちとコミュニケーションをとったりすることができるようにしたのです。ファーガソン先生は、このハッシュタグが学校に読む文化をつくるシンプルな方法の一つだとして、次のように言っています。

「生徒からの反応は肯定的なもので、とくに作家からの反応が得られたときや、作家が彼らのツイートに『いいね』を押してくれたときにはみんな喜んでいます」

フィン先生は、読む文化を共通認識にしたいと考えている学校にとっては、ソーシャルメディアが力を発揮するということを認めています。

「私たちにはオーサー・ヴィジット[17]をするための予算はありませんが、作家たちと現実世界でかかわるきっかけを与えることならできます。ツイートをすれば会話を開くドアを示すことができますし、人間関係を築こうとする気持ちが共有できるのです」

また、ファーガソン先生とフィン先生は「文学ランチ」をはじめています。これは、生徒がランチを一緒にとりながら読んできた本について話し合うというものです。家庭科を学ぶ生徒がランチを準備して、朝の校内放送で本について宣伝し、教師たちが本の紹介をします。このような形でいくつかのグループが協働することは、学校で読むことの重要性と歓びを強調する手助けとなります。

「文学ランチ」のグループは、一時間半ぐらい本を読んで、ランチを一緒にとります。ファーガソン先生は、この「文学ランチ」のなかで、生徒の多様な見方が共有されている様子を観察してきました。

「時には、まるで映画の『ブレックファスト・クラブ』みたいになりました[18]。実際、『ブレック

(15)『いい学校の選び方』の九〜一〇ページをご覧ください。

(16)ファーガソン先生の勤務するシーダー・クリーク高等学校のニックネーム「Pirates」(海賊)に由来するようです。シーダー・クリーク高校のホームページには、海賊のキャラクター画像がいくつも出てきます。ちなみに、訳者の一人である山元の勤務校である広島大学は、原爆の惨禍から不死鳥のように蘇ったという意味で「Phoenix(不死鳥)」がニックネームになっています。シーダー・クリーク高校を真似ると、「#PhoenixRead」というハッシュタグになるかもしれません。

(17)生徒に親しまれている本の著者(オーサー)が学校を訪問し、生徒に特別授業をする取り組みのことです。日本の場合、オーサー・ヴィジットには朝日新聞社主催・出版文化産業振興財団(ＪＰＩＣ)協力のものと、朝日新聞社とベルマーク教育助成財団共催・日教販協力)のものとがあります(二〇一九年時点)。いずれも、応募して採用されたら学校の金銭負担はありません。

(18)ジョン・ヒューズ監督。一九八五年に公開されたアメリカの青春映画です。この映画では、相容れない個性をもった男女五人の高校生が日頃とっている行動に対する懲罰として、土曜日の朝早くに学校図書館に集められ、教師の監視下において「自分とは何か」というテーマで作文を書かされることになります。このほか、いろいろな出来事を経験しながら五人の間に絆が生まれていくという物語です。

ファスト・クラブ』と同じく『文学ランチ』では、校内で仲間を見つけられなかった生徒が仲間を見つけるきっかけになったのです」

ファーガソン先生とフィン先生は、対面で、あるいはオンラインで、本について語り合う機会を生徒に提供して、読む文化を学校全体に広げていったのです(19)。

あなたの教室で行われている読む取り組みが、学校全体に見えるようにしましょう。そうすれば、校内で読むことへの取り組みが波及していくことでしょう。あなたのクラス以外の、できるだけたくさんの生徒や教職員を巻き込みましょう。読むことと読んだ本について語り合うことを中心にした楽しいイベントを開催すれば、あなたがつくりはじめた読む文化が学校全体に広がっていくことになるのです。

---

(19) 対面式ないし顔を合わせないでオンラインで本について語り合う方法は、『読書がさらに楽しくなるブッククラブ』で詳しく紹介されています。

# おわりに――読むことはメタハック（ハックのハック）である

どのようにして学びをハック（改善）しましょうか？　それは、読む文化をハックすることによってできるのです。読むことは、教育のほぼすべての分野において、もしくは人生において、前進していくために間違いなく求められているハックです。

あなたが読む文化を教室や学校で築いたとき、生徒は自分たちを「読書家」として自覚するようになります。そうすると、彼らはより良い市民になり、より影響力のある人間として成長していきます。

読書家は、自分自身のかぎられた視野の外側を見ることによって学びます。彼らは、ほかの人々やほかの世界について、もっと知りたいと強く思っているのです。読むことで、のちに訪れることになる新しい経験と、理解をもたらしてくれることになる背景知識をつくりだしていきます。また、読書家は、自分が気になっているテーマについて常に学びたいと思っていますので、情報を入手したがるものです。

読む文化を育てる教師は、同時に健全な民主主義(1)を育てていることにもなります。つまり、その教師が教えている読書家の生徒たちは、興味を惹く問題に関する情報を、本を通して得ることができる未来の有権者たちなのです。

一般的な見解ですが、読書家はそうでない人よりも面白い人たちが多いものです。何と言っても、自分が出会ってきた登場人物や語り手たちを通して、何百、何千もの人生を経験してきているわけですから。

読むことは、恐れたり決断を迫られたりすることなく、他人の心の中にすっぽり入り込むことができる数少ない方法の一つです。その結果として、共感が生まれます。ほかの現実を経験することで道徳意識(2)が育ち、人生の大切なコンセプト（概念）について深く考えるだけの力が備わり、クリティカルに思考する能力も育っていくことになります。ですから、読むことで彼らは、友だちや家族、同僚のほか、まったく知らない人たちとの関係を豊かなものにしていくことができるのです。

ここで、「読むことはメタハック（ハックのハック）である」というサブの見出しをつけたのは、読むことは生徒の学習と私生活の両面を向上させる可能性をもっていると考えたからです(3)。

読むことをハックすることでもたらされる一番大きな影響と言えば、読む文化がつくりだされることです。もし、私たちが学校でたった一つのことしかできないとしたら、私たちがすべきことは、生徒がより良い、より夢中になって読む読書家になるように手助けすること以外に考えられません。読むことは、より素晴らしい未来への準備として、私たちが生徒に手わたすことができる「最高の贈り物」なのです。

（1）日本のような「与えられた民主主義」ではなく、絶えず自分たちがつくり続ける民主主義のことです。もちろん、選挙で投票することに限定されません！

（2）「批判的に」とよく訳されますが、それが占めるウェートはせいぜい三分の一か四分の一で、より多くの部分は「大切なものを選び取る」、「大切ではないものを排除する」能力です。

（3）改善しようとする方法そのものを改善するというイメージです。学習と私生活を切り離して学習効果を向上させるハックを求めることをやめて（ハックして）、学習も私生活も同時に向上させる可能性があるということです。

# 翻訳を終えて（パート1）――「読む」ことも「国語」も好きだった少年時代

（山元隆春）

ずいぶん前に研究室にいた大学院生が、研究の一環としてさまざまな職業に就いている「読書家」一〇人ほどにインタビューをしたことがあります。調査協力者のなかに大学教員を一人含めることになったので、急きょ私もインタビューを受けることになりました。

インタビューの質問項目のなかに、「あなたは『読書』が好きですか？」という質問と「あなたは『国語』が好きですか？」という、連続する質問がありました。院生が調査協力者として選んだのは、いずれも本を読むことが大好きな「読書家」のみなさんですから、「あなたは『読書』が好きですか？」という質問には全員が「はい」と答えていました。しかし、「あなたは『国語』が好きですか？」という質問に対する答えは、私以外はみんな「いいえ」だったそうです。

この院生によれば、周囲の大学院生に尋ねてみても反応は調査協力者たちと同じで、私の反応は極めて珍しいというか、ほぼ異例に近いということでした。私自身が異例だったということより、読むことを嫌いにならなくても、いや大好きであっても「国語」は嫌いになる、いや読むことが好きな人ほどそういう反応を示したことに衝撃を受けました。

本書の著者であるジェラルド・ドーソンさんが書いた「はじめに」には、次のような問いかけがあります。

**読むことを嫌いにしてしまうようなら、クラス全体で教科書や英語（国語）の勉強をすることに果たして意味があるのでしょうか？**

この問いかけをふまえて、前述のエピソードを考え直してみると、読むことに関する教育の違った側面が見えてきます。私も含めて、誰一人として「読むことが当たり前」という文化については国語の授業で学んでこなかったということです。

「読書家」たちにとって「読むことが当たり前」なのは、国語の授業ではなくて自らの読む生活においてでした。だからこそ、「読むことは大好きだけど国語は嫌い」という人が大半だったわけです。そして、もう一つ、このインタビューの調査対象にならなかった数かぎりない人たちが、「読むことも国語も嫌い」なのかもしれないということです。「読書家」たちに「好き」と言われなかった「国語」が、そうでない人たちに「好き」と思われているとはとても考えられません。

では、「読むこと」も「国語」も嫌いではなかった私の場合はどうだったのか、少し振り返って書いてみることにします。

記憶に残っている本や文章のことを思い出してみました。二つの光景が浮かんできます。一つは小学校五年生のときのことです。養護教諭の先生に『幸島のサル』（水戸サツエ、ポプラ社、一九七一年）という本を貸してもらいました。小さな学校でしたから、担任の先生でなくてもお互いによく知っていました。ちなみに、「幸島」は「こうじま」と読みます。宮崎県串間市にある小さな島です。この島に住んでいるサルは天然記念物になっています。

ある日の休み時間、保健室に用事で行ったときに「あなたは本が好きなんだって？」と言われたので、思わず「はい」と答えると、「それならこれが面白いよ。五年生だからもう読めるかも」と言って本を貸してくれたその先生の笑顔を今でもよく覚えています。

『幸島のサル』の何が面白かったのかというと、サルの人間らしさです。いや、人間のサルらしさと言ってよいかもしれません。芋を塩水で洗って味をつけるとか、餌として幸島の砂浜に蒔かれた籾を食べるために、砂ごと海に持っていって砂を洗い流して食べる「砂金採取法」とかのようにサルの知恵が描かれているところはもちろんですが、死んだ子どもの死骸を何週間も抱きしめて動く母ザルの情の深さに、「ものすごいなー」と感じたことを覚えています。

この本は何度も繰り返し読みました。一頭一頭名前を付けられたサルたちの姿を頭に思い浮かべながら（もちろん、本のなかの写真を繰り返し見ながらですが）、幸島のサル社会のなかに身を置いていました。

もう一つは中学校三年生のときです。国語の授業で習った教科書の文章でくっきりと覚えているのは、ロシアの小説家ガルシン（一八五五〜一八八八）の『信号』という小説の一節です。

　この作品には、セミョーン・イヴァーノフと線路番仲間のワシーリイ・ステパーヌチが中心人物として登場します。鉄道の上役のやり方に不満をもったワシーリイが、上役たちを困らせるために外してしまったレールの箇所に列車が通りかかるという危機に際し、セミョーンは腕を切って、その血で染まったシャツを手旗信号にして列車を止めようとしますが意識を失ってしまいます。そのとき、意識を失ったセミョーンの代わりに血染めのシャツを手旗にして列車を止めたのが、ほかならぬワシーリイであったという話です。

　二人の登場人物をめぐって、「どちらの生き方に賛成するか？　その理由は？」という問いが先生から投げかけられましたが、私も積極的に討議に加わりました。だからよく覚えているのでしょう。捨て身の行動をとった友のことを見捨てなかったワシーリイについて、自らの意見を言い切った満足感と昂揚感をいまだに覚えています。

　このようなエピソードが、「読むこと」も「国語」も嫌いでなかったということの正体です。一つだけ言えることは、二つのエピソードとも、私は読むことにおいて「嫌な思い」だとか「つらい思い」を経験していません。幸いなことですが、それだけは確かです。

　二つ目のエピソードのなかで、私は登場人物の葛藤について自分の考えを精いっぱい話したわけですが、そのとき反論してきた友だちの意見の鋭さとその本人についてもよく覚えています。

しかし、何も言わなかった友だちのことはまったく覚えていません。

今、『信号』を読み返してみると、神西清《じんざいきよし》（一九〇三〜一九五七）の名訳（岩波文庫）ではありますが、結構難解な言い回しが多いうえに、セミョーンやイワーノフの置かれた状況をしっかりとふまえて読むのは、現在の私でも少々骨が折れます。話し合いに先立って、当時の先生が問題を集約して、焦点をはっきりさせていたから話し合いが盛りあがったのではないかと思います。それだけに、同じ時間と空間をともにした友だちの、読むことに関する「嫌な思い」や「つらい思い」に気づいていなかったのかもしれません。

著者のドーソンさんは、先の問いかけに続けて次のようにも言っています。

**私たち教師が、教科書をどこまでカバーしたかということにばかり注意を払って、書かれてある文章に対する反応をふまえず、教室での話し合いやインターネットから集めた事実や考えだけをコピーするといった力ばかりを評価していると、それだけであたかも生徒が読むことにのめり込んでいるかのように錯覚してしまいます。あまりにも多くの生徒が、最初から最後まで本を読む経験を一度もすることなく、小学校、中学校、高校を卒業してしまっているのです。**

もしかすると、『信号』の授業では、「教室での話し合い」から集めた「考え」だけが交わされていたのかもしれません。私は、「読むことにのめり込んでいるように錯覚」していたのかもしれないのです。そして、それは先生も同じだったかもしれません。中学の教室で発言していなかった多くの同級生のなかには、「最初から最後まで読む経験」をせずに授業を終えてしまっていた可能性があるのです。

私は、そのことに気づくだけの能力を欠いていたのでしょう。こういう事実に気づくことができなければ「ハック」は不可能です。本書の著者は、そのことに気づいています。『信号』の話し合いで盛りあがっていたのは、ほんのひと握りの生徒だけだったのです。そうではなくて、「生徒がたくさん、しかも上手に読むように刺激を与えるためにはどうすればよいのかという問題」に取り組んでいかなくては、「読むことが当たり前」の文化を築くことはできないのです。

私が『幸島のサル』と交流したようにして、読むことは大好きだけれども『信号』の話し合いにはついていけないために「国語は大嫌いだ」ということにならないような「読む文化」をつくっていくアイディアが、本書では豊かに展開されています。それがドーソンさんが掲げる「五つのハック」なのです。

子どもを本嫌いにしないためにはどうすればよいか、ということが本書を貫いているポリシーです。今の教え方を急に変えていくことはできないかもしれませんが、子どもを本嫌いにしていないかどうかを振り返って、考えてみるチャンスはすべての先生にあります。本嫌いにさえしなければ、本から学ぶことはたくさんあります。本の世界は現実世界と同じぐらい広いということを子どもたちに伝えていくことができれば、子どもたちの好奇心はその世界に向かうのです。そう、「嫌い」にさえしなければ……。

本書は、Gerard Dawson(2016). *Hacking Literacy : 5 Ways To Turn Any Classroom Into a Culture of Readers.* Cleveland, OH : Times 10 の全文を訳出したものです。原著タイトルを直訳すると「リテラシーをハックする」か「読み書きの力をハックする」ということになりますが、原著を何度読み返してみても「書くこと（writing）」に関する記述は出てきません。その代わり、「a culture of reading」や「a culture of readers」というフレーズが頻出します。そして、翻訳作業を進めるうちに、どうやら著者の「ハック」の目的とは、教室やコミュニティーを「culture of reading」で満たすことだということが分かってきました。

「Culture」はどのようなコミュニティーにおいても伴うものですから、読書家を育てないコミュニティーにも「a culture of reading」はもちろんあります。著者のドーソンさんは、その「culture」を「読むことが当たり前の culture にハックする（修理する／改善する）」ことが重要で、それが、一人でも多くの子どもを自立した読書家にする「a culture of readers」だと言っているのです。しかも、贅言《ぜいげん》を費やさず、至ってシンプルな流儀でその組み立て方を披露しています。これが、本書を『読む文化をハックする』としたゆえんです。

# 翻訳を終えて（パート2）――読む文化を育む

（中井悠加）

大学生のころ私は、さまざまな大学の学生が集まって組織された大規模な「インカレ」サークルに所属していました。そこに集う人々は、サークルにおける正式な活動だけでなく、食事に出かけたり、遠出をしたりと、普段から行動をともにする仲間でもありました。そのなかに、あまり口数が多いタイプではなく、飄々とした、話す機会もあまりなかったけれどとても印象的だった後輩が一人います。

彼は、誰かの誕生日会に呼ばれたり、たまたま遊んでいるときに誕生日が近い人がいることを知ると、肩にかけたトートバッグの中を探って、自分が今読んでいたり、読み終わったけれど入りっぱなしの文庫本を誕生日プレゼントとしてわたすような人でした。私はそのような光景を見て、いつもトートバッグには文庫本が入っているんだなーと感心すると同時に、受け取る人をうらやましく思っていたことを覚えています。

読んでいた本を人にプレゼントという行為は、自分を構成する一部分を贈っているようで、その人が見てきた世界を共有するように感じていました。たとえいわゆる「プレゼントらしいプレゼント」を持ちあわせていなかったとしても、トートバッグに入れて持ち歩いているその本は、彼にとっては贈り物としての価値が十分ある存在で、その本を通じて人と共有することにも意味を見いだしていたのではないかと思っています。

残念ながら、私はそのタイミングに恵まれませんでしたが、少なくとも私の目には、そこで手わたされる文庫本をいつかもらってみたい、本のなかに広がる世界を自分も楽しんでみたいと思う、魅力的な贈り物として映っていたことだけは間違いありません。

このエピソードは、文学や本とは無縁のサークルでの出来事であり、珍しいものだったからこそ記憶に残っているのですが、もしかすると、本とは本来そういう存在なのではないかとも思います。このような十数年前の記憶を呼び起こしてくれた本書には、本や本を読むことの価値をいかに学校のなかで文化として高めていくのかについての具体的な方法が五つの「ハック」として紹介されています。その核となっているのが、著者であるジェラルド・ドーソンさんが目標とする「読むことが好きになる気持ちを育てる」ことです。

学校のなかで生徒の「読むことが好きになる気持ちを育てる」時間と言えば、間違いなく頭に思い浮かぶのが国語科の授業でしょう。しかし、国語科の授業を通してそうした気持ちが育てられていると言えるのでしょうか。思い起こされるのは、授業のなかで教科書に掲載された文章を一生懸命読み、そこに何が書かれているかを頑張って理解し、その記述から教師が「いいね」と言ってくれるための努力をする生徒の姿です。もしかすると、学校に通っていたころの私自身かもしれません。

もちろん、授業には学習目標があり、身につけるべきスキルがあり、それを手にすることで、生徒には本や文章の世界、言葉の世界をより楽しめるようになることが期待されています。それは、国語科が備えている使命の一つでしょう。しかし、授業で扱われる「唯一の良書」のために多くの時間を割き、たった一つの文章を読み込むことだけがゴールになっているようでは、期待されるべき生徒の世界は、広がるどころか逆に閉じてしまいかねません。

もし、その「閉じられた読書」を何度も何度も繰り返すのならば、生徒の生活のなかにあてられる「読む」時間は、もはやその教材のみになってしまいます。登場人物や語り手を通して数えきれないほどの経験を積むどころか、たった一人の語り手、たった数名の登場人物の「人生」を何度も何度も繰り返し経験すること、もっとひどい場合には、それについての誰か（＝教師）の考えを探りあてることが「本や文章を読むことなのだ」という印象を与えてしまうことにもなります。

言うまでもなく、それはとんでもなく疲れる経験であり、なんだか「読書ごっこ」のような感じがします。「読書家」を育てることとは真逆となる、「読書嫌い」を育ててしまっているのではないかとすら感じてしまいます。

授業で扱われる本や文章は、教科書に載せられるだけの理由や価値があります。問題なのは、使わなければ（学ばなければ）ならない「唯一の教材」であるという感覚を教師と生徒がもってしまうことです。ドーソンさんが提案・紹介する授業のなかでは、それぞれの生徒が自分の興味のある本を授業に持ち込んでひたすら読んでいました。そして、どのような本に興味をもてるのか分からない生徒には、丁寧に本との出合い方や選び方が示されていました。

興味をもてる本を知ることは、自分自身を知ることにもつながります。自分の好きな本を携えて教室の「読む文化」に参加することは、自らをそこに持ち込むことを意味します。つまり、教室における「読むこと」の時間にはすべての生徒が存在しているということです。このような形こそ、生徒が主体的に授業にのぞむ姿だと言えるでしょう。

それに対して、あらかじめ決められた「唯一の良書」のみが使用される授業では、「主体的に授業にのぞむ生徒の姿」を見ることはないでしょう。そのような状況で、どうして「主体的な学び」を生みだすことができるのでしょうか。

「主体的・対話的で深い学び」が重視されるこの時代、学校における「読むこと」において今足りないのは、実はこの「主体性」を保証することにほかならないのではないでしょうか。それを支えることになる「自分の興味のある本」が何かを知り、選び、価値あるものとして共有する方法を、果たしてどれほどの学校が教えているのでしょうか。

国語科のなかでの「読むこと」は、その多くが文章を分析して解釈する「読解指導」に焦点が当てられています。広く本に触れ、多くの本を自由に読むという意味での「読書教育」とは切り離された状態となっています。前述した「主体性」がほとんど不在のまま、あらかじめ決められた文章の「読解方法」のみを授けるといった授業は、きっと現在も国語科の主流をなしているのでしょう。

そこでの生徒の姿は、どこまでも受け身であり、そしてまた、それを授ける存在である教師自身も、今手にしている教科書の教材を教科書に載っている方法で教えなければならないという受け身な状態にとらわれているのではないでしょうか。受け身な姿勢でつくられた授業が生みだすのはやはり受け身な学び（勉強？）であり、いつまでもそれが連鎖して続けられてしまうといったことが簡単に予測できてしまいます。

一年に何回か現職教員向けのワークショップを実施する機会がありますが、たいていの場合、私はあまり教科書教材を使っていません。あるとき、受講者の一人から「今の教科書教材を中心にしてもらうとニーズにあうと思います」といった意見をいただきました。このような意見も、教師が求めているものは「今の教科書教材の使い方」に限定されていることをよく表していると言えます。

本書の翻訳を進めながらこうした問題意識をより一層強くするなかで、勤務校における小学校教員志望学生を対象として、小学校四年生向けの、オリジナルの教科書作成に取り組む授業を実施しました。一九人の履修学生は、読むことや書くこと、話すことや聞くこと、言葉の特徴など、一人が一単元を担当しました。そして、それぞれが身の周りから素材を探し、それに教材としての価値づけをしながらオリジナルの教科書原稿を執筆したのです。

読むことの単元を担当したのは、物語教材二人、説明文教材二人の合計四人（私を含む）でした。学生たちは、現在教科書に掲載されている教材を使わずにこの単元をつくるために、自分の学習経験を思い出したり、子どもたちの姿を想像しながら、絵本の図書館や書店に通ったほか、アマゾンなどのウェブサイトをめぐったり、SNSで情報を集めたり、自宅の本棚を改めて眺めたりしながら選書を繰り返しました。その過程で手に入れた本を見て、やはり違うような気がしてまた振り出しに戻るといったようなことを何度も経験しました。ようやく選び抜いた本をよく読み、学習指導要領と対照させて原稿を書き、授業中に学生同士で議論を重ね、お互いに励ましあいながら自分の手で教材づくりを行ったのです。

授業中の議論で学生たちは、子どもが楽しめるか、すべての子どもが学びに参加することができるか、目標としている力はきちんと身につくかなど、一つ一つを確かめるために真剣に議論を繰り返していました。このようにして一つの形にまとめていく彼らの姿は、授業担当者としてのひいき目もあるかもしれませんが、これまでになく活き活きとした姿に見えました。教材を選ぶこと、活動を考えること、分かりやすく共有すること、意見をぶつけあうことを心から楽しんで取り組んでいるように思えたのです。事実、「こうした活動こそが自分のやりたかったことだと分かった」と、わざわざ言いに来てくれた学生もいました。

私はそんな彼らを見て、教職とは本来、このようなクリエイティブな営みであってほしいと感じたのです。学生たちとの取り組みから、このように楽しんでつくられた学びの場は、きっと子どもたちとも学びの楽しさを共有することができるのではないか、そして積極的な学びを生みだすものになるのではないか、と思わせてもらえる経験ができました。何よりも、そこでつくられた教材は、誰かによってつくられ、教えることを強制されるものではなく、教師自身が楽しんで学ぶ姿を見せる機会として存在していたのです。それは、「学ぶ文化」を構築しようとする営みそのものであったと言えます。

少し話がそれてしまいました。本書においても、読むことは学校において教師から強制されるものではなく、教師（身近な大人）が人生のなかで楽しんでいるものとして捉えることの価値を教えてくれています。教師、生徒、ともに「読むことが好きな気持ち」を共有することが「読む文化」を構築するためには必要不可欠なのです。

今、この小論を書いている世界は、二〇二〇年の初めには予想もしていなかったような状況にさらされています。新型コロナウイルスの感染拡大によって、人々は対面で顔をあわせることを我慢しなければならず、学校においても、生徒が教室に集まって意見を交わしあうことは大きく制限されてきました。これまで当たり前のようにつながってきた手段を絶たれるといった状況を、何か月もの間、多くの人々が、そして多くの生徒が経験しました。そのなかで、世界とつながるツールとして望みをもたせてくれたのがさまざまなディジタル技術でした。

もちろん、本書（原著）が書かれたのはこのような状況になる前のことですが、生徒同士、生徒と教師、学校内の人々、そして学校外の人々とお互いに意見や情報を共有するためのツールとして、随所にディジタル技術が紹介されていることも本書の大きな特徴となっています。これまでの日本における教育ではあまりこうした技術の価値に注目されるといった傾向がなかったので、読者のなかにはそれらのツールを使用することへの抵抗感が生まれるのではないかと懸念していましたが、奇しくも新型コロナという状況下で一気にディジタル技術に目が向けられるようになり、多くの学校でその導入が加速しています。

新型コロナウイルスの騒動が収まり、安全な日常が戻ってきたあとも、おそらく「すっかり元通り」ということにはならないでしょう。そんななかで、大切なものは大切にしながら、変えることのできるところは大胆に変えていく勇気とその方法を本書が示しているのではないかと思えてなりません。

最後になりますが、粗訳の段階で多くの協力者にお読みいただき、貴重なフィードバックをいただいた都丸陽一さん、峰本義明さん、居川あゆ子さん、綱川和明さん、神部智さん、高瀬裕人さん、高瀬智美さん、澤田英輔さん、冨安慎吾さん、小笹由花さんに改めて感謝申し上げます。そして、たくさんの細やかなコメントや質問を投げかけながら、本書を日本の読者に届けることを可能にしてくださった株式会社新評論の武市一幸さんに深く感謝します。ありがとうございました。

二〇二〇年一二月

（訳者一同）

・YA出版刊「YA図書総目録」
・図書館流通センター「週刊新刊全店案内」
・日本書籍出版協会「これからでるほん」

日本における助成金情報
・ちゅうでん教育振興財団　http://www.chuden-edu.or.jp/oubo/oubo1/oubo1.html
・パナソニック教育財団　http://www.pef.or.jp/school/grant/grant_list/
・東京海上日動教育振興基金　http://www.tmn-kyoiku-sinko-f.org
・安田教育振興会（千葉県内高校限定）http://www.yasuda-kyoiku.or.jp
・山崎自然科学教育振興会（科学教育限定）http://www.yamazakizaidan.com
・深尾理工教育振興会（科学教育限定）http://www.fukao-foundation.jp/requirements/cooperation.html
・日本児童教育振興財団　https://faje.or.jp
・日本教育公務員弘済会　https://www.nikkyoko.or.jp/business/research/index.html
・日本教育公務員弘済会岡山支部（岡山県内限定）　http://www.okakyoko.or.jp/koueki.html
・日本学術振興会（奨励研究）https://www.jsps.go.jp/j-grantsinaid/11_shourei/index.html
・博報堂教育財団（児童教育実践についての研究助成）https://www.hakuhodofoundation.or.jp/subsidy/recipient/newest/
・独立行政法人　国立青少年教育振興機構　子どもゆめ基金部（子どもゆめ基金）https://yumekikin.niye.go.jp/jyosei/index.html

クする』松田ユリ子ほか訳、新評論、2021年予定
・ミラー、ドナリン『子どもが「読書」に夢中になる魔法の授業』高橋璃子訳、かんき出版、2015年
・山田宗樹『百年法（上・下）』角川文庫、2015年（共に）
・山元隆春『読者反応を核とした「読解力」育成の足場づくり』溪水社、2014年
・吉田新一郎『いい学校の選び方——子どものニーズにどう応えるか』中公新書、2004年
・吉田新一郎『増補版「読む力」はこうしてつける』新評論、2017年
・吉田新一郎『改訂増補版　読書がさらに楽しくなるブッククラブ』新評論、2019年
・ル＝グウィン、アーシュラ『ゲド戦記（全６巻）』清水真砂子訳、岩波少年文庫、2009年
・ル＝グウィン、アーシュラ『暇なんかないわ　大切なことを考えるのに忙しくて』谷垣暁美訳、河出書房新社、2020年
・レント、リリア・コンセット『教科書をハックする』白鳥信義ほか訳、新評論、2020年
・ローリー、ロイス『ギヴァー』島津やよい訳、新評論、2010年

・映画『ブレックファスト・クラブ』ジョン・ヒューズ監督、ユニバーサル・ピクチャー、1985年

日本において新刊情報などを提供している冊子など
・『学校図書館速報版』（全国学校図書館協議会）
・東京子ども図書館『こどもとしょかん』
・児童図書館研究会の機関誌『こどもの図書館』
・日本こどもの本研究会『子どもの本棚』

茂樹訳、岩波少年文庫、2018年
・トムリンソン、キャロル『ようこそ、一人ひとりをいかす教室へ』山崎敬人ほか訳、北大路書房、2017年
・トムリンソン、キャロルほか『一人ひとりをいかす評価』山元隆春ほか訳、北大路書房、2018年
・トレリース、ジム『読み聞かせ——この素晴らしい世界』亀井よし子訳、高文研、1987年
・ハクスリー、オルダス『すばらしい新世界（新訳版）』大森望訳、ハヤカワ epi 文庫、2017年
・バーンズ、マークほか『「学校」をハックする』小岩井僚ほか訳、新評論、2020年
・ピアス、チャールズ『だれもが〈科学者〉になれる！』門倉正美ほか訳、新評論、2020年
・フィッシャー、ダグラスほか『「学びの責任」は誰にあるのか』吉田新一郎訳、新評論、2017年
・船橋学園読書教育研究会編著『朝の読書が奇跡を生んだ』高文研、1993年
・ブラッドベリ、レイ『華氏四五一度（新訳版）』伊藤典夫訳、ハヤカワ文庫 SF、2014年
・プロジェクト・ワークショップ編『読書家の時間』新評論、2014年
・ペルザー、デイブ『It と呼ばれた子』シリーズ（百瀬しのぶ訳ほか、ソニー・マガジンズ、2003年〜。（幼年期、少年期、完結編、指南編、青春編がある）
・ホーソーン『緋文字』小川高義、光文社古典新訳文庫、2013年
・ボバット、ジェイムズ『ペアレント・プロジェクト』玉山幸芳ほか訳、新評論、2002年
・ホルズワイス、クリスティーナ・Aほか『学校図書館をハッ

ン』金原瑞人ほか訳、岩波書店、2017年
・グレイ、ピーター『遊びが学びに欠かせないわけ』吉田新一郎訳、築地書館、2018年
・クロンカイト、ウォルター『クロンカイトの世界――20世紀を伝えた男』浅野輔訳、阪急コミュニケーションズ、1999年
・鴻巣友季子『全身翻訳家』ちくま文庫、2011年
・サックシュタイン、スター『成績をハックする』高瀬裕人ほか訳、新評論、2018年
・サトラピ、マルジャン『ペルセポリスⅠ・Ⅱ』園田恵子訳、パジリコ、2005年（共に）
・シネック、サイモン『WHYから始めよ！　インスパイア型リーダーはここが違う』栗木さつき訳、日本経済新聞社、2012年
・白石範孝『10の観点で読むアニマシオンゲーム』学事出版、2003年
・白土三平『カムイ外伝（全12巻)』小学館文庫、1997年、1998年
・スタインベック、ジョン『怒りの葡萄（上・下)』（伏見威蕃訳、新潮文庫、2015年（共に）
・スピーゲルマン、アート『マウスⅠ・Ⅱ』小野耕世訳、晶文社、1991年、1994年
・スペンサー、ジョンほか『あなたの授業が子どもと世界を変える』吉田新一郎訳、新評論、2020年
・タン、ショーン『アライバル』小林美幸訳、河出書房新社、2011年
・トウェイン、マーク『トム・ソーヤの冒険』石井桃子訳、岩波少年文庫、2001年
・トウェイン、マーク『ハックルベリー・フィンの冒険』千葉

# 本書で紹介した日本語で読める本の一覧

・アウレーリウス、マルクス『自省録』(第六巻) 神谷美恵子訳、岩波文庫、2007年
・アトウェル、ナンシー『イン・ザ・ミドル』小坂敦子ほか訳、三省堂、2018年
・ウィルキンソン、カレンほか『ティンカリングをはじめよう——アート、サイエンス、テクノロジーの交差点で作って遊ぶ』金井哲夫訳、オライリー・ジャパン、2015年
・オーウェル、ジョージ『一九八四年 (新訳版)』高橋和久訳、ハヤカワ epi 文庫、2009年
・小田切博『戦争はいかに「マンガ」を変えるか』NTT 出版、2007年
・上條晴夫『子どもを本好きにする 読書指導のネタ&コツ』学事出版、2009年
・カルキンズ、ルーシー『リーディング・ワークショップ』吉田新一郎ほか訳、新評論、2010年
・岸本斉史『NARUTO——ナルト (全72巻)』集英社ジャンプコミック、2015年
・キーン、エリン『理解するってどういうこと?』山元隆春訳、新曜社、2014年
・グリーン、ジョン『ペーパータウン』金原瑞人訳、岩波書店、2013年
・グリーン、ジョン『さよならを待つふたりのために』(金原瑞人ほか訳、岩波書店、2013年
・グリーン、ジョン『アラスカを追いかけて』金原瑞人訳、岩波書店、2017年
・グリーン、ジョン『ウィル・グレイソン、ウィル・グレイソ

**訳者紹介**

**山元隆春**（やまもと・たかはる）
自分で選んだ小説をひたすら読んで、その作中人物と一緒に（なっているつもりで）物語世界に没頭する。片道２時間、通勤電車のなかでそういうことを続けてもうすぐ30年。広島大学の大学院人間社会科学研究科と教育学部で国語教育と読書教育を担当しています。

**中井悠加**（なかい・ゆか）
本を読んで語り合うことが好きです。その楽しさと喜びを子どもたちとも共有したくなる先生がたくさん増えることを願う者の一人です。島根県立大学人間文化学部で初等国語教育を担当しています。

**吉田新一郎**（よしだ・しんいちろう）
山元さんと違い、国語と読書は大嫌いでした。本が読めるようになったのは30前に、自分にピッタリの本と出合えるようになってからでした。本書は、それを学校にいるときから可能にしてくれます！問い合わせは、pro.workshop@gmail.comにお願いします。

**読む文化をハックする**
——読むことを嫌いにする国語の授業に意味はあるのか？——

2021年１月15日　初版第１刷発行

訳　者　山　元　隆　春
　　　　中　井　悠　加
　　　　吉　田　新　一　郎

発行者　武　市　一　幸

発行所　株式会社　新　評　論

〒169-0051
東京都新宿区西早稲田３-16-28
http://www.shinhyoron.co.jp

電話　03(3202)7391
FAX　03(3202)5832
振替・00160-1-113487

落丁・乱丁はお取り替えします。
定価はカバーに表示してあります。

印刷　フォレスト
装丁　山田英春
製本　中永製本所


ISBN978-4-7948-1171-4